S sym 1
for concert band

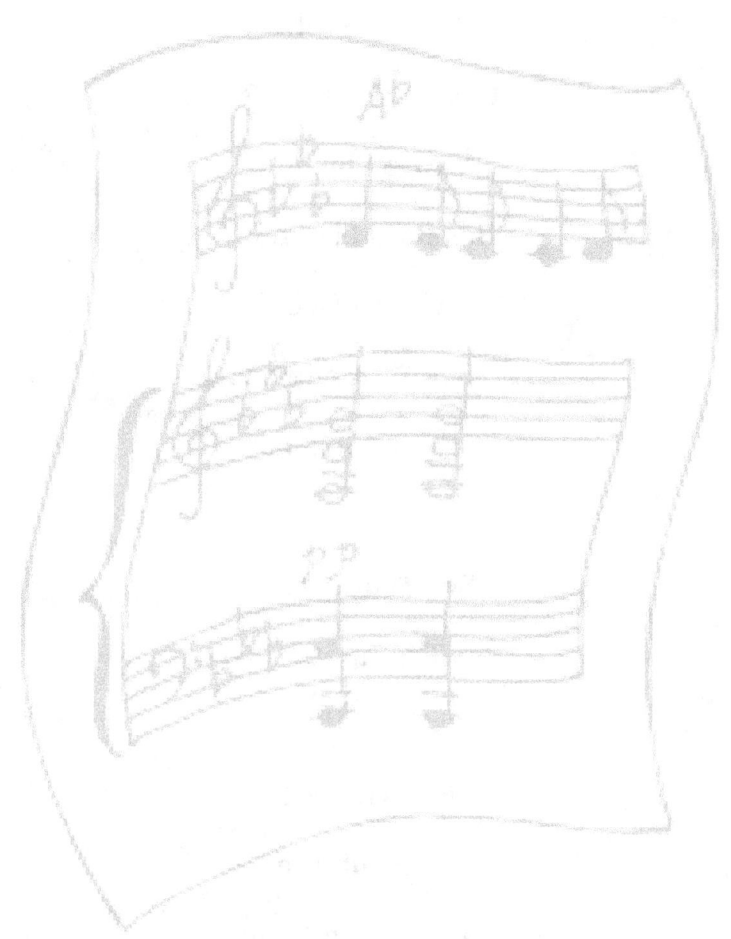

Duration: 8 minutes 21 seconds
ISBN 978-90-78808-19-0
© 2014 Uitgeverij Muz
www.uitgeverijmuz.com

C Flute

C Oboe

C Bassoon

Bes Clarinet 1

Bes Clarinet 2 + 3

Es Alto Clarinet

Bes Bass Clarinet

Es Alto Sax.

Bes Tenor Sax.

Es Bariton Sax.

Bes Trumpet 1

Bes Trumpet 2 + 3

F Horn 1 + 2

F Horn 3 + 4

C Trombone

C Bass Trombone

C/Bes Bariton

C/Bes/Es Bass Tuba

Percussion

S sym 1

Joost de Groot

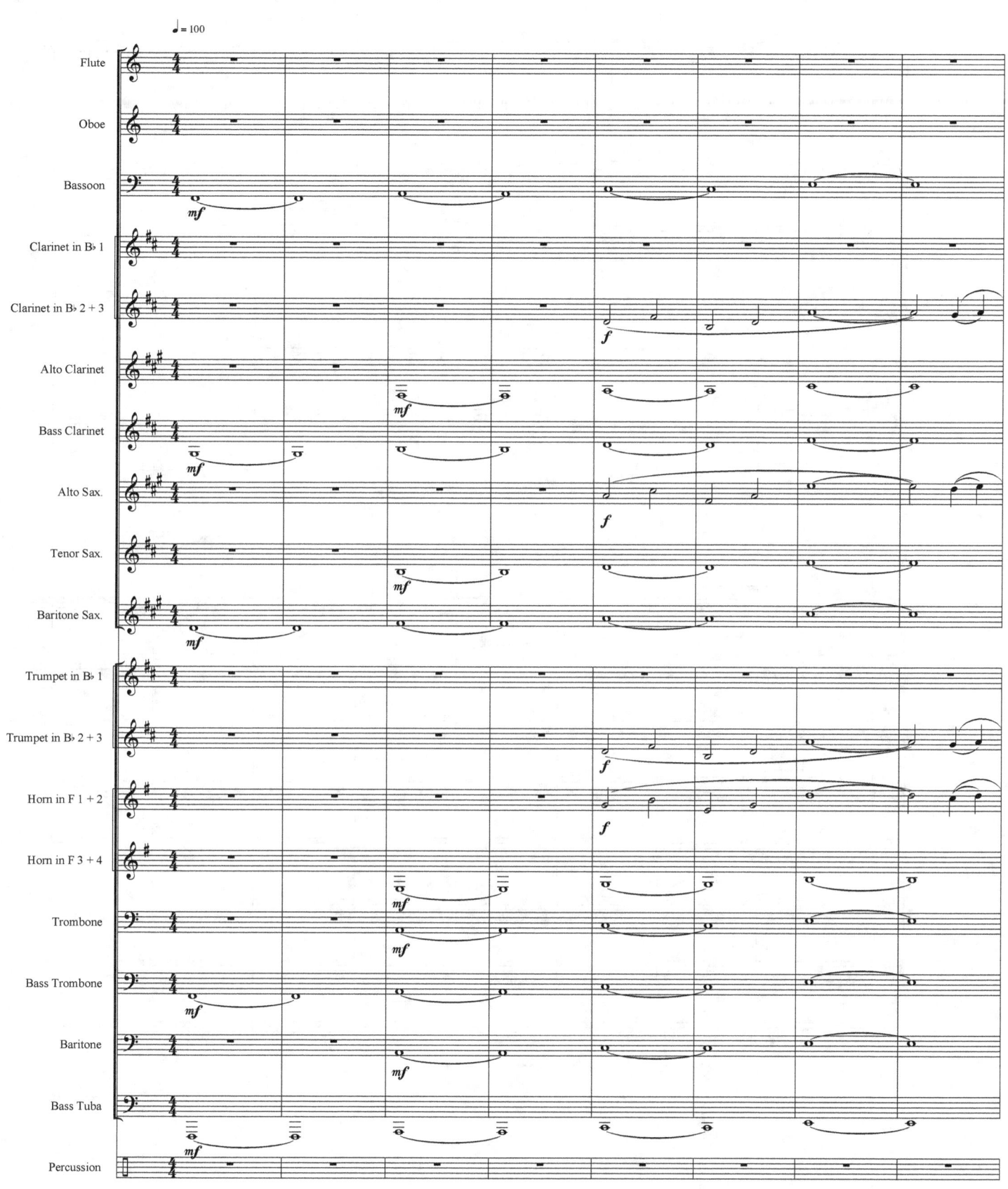

© 2014

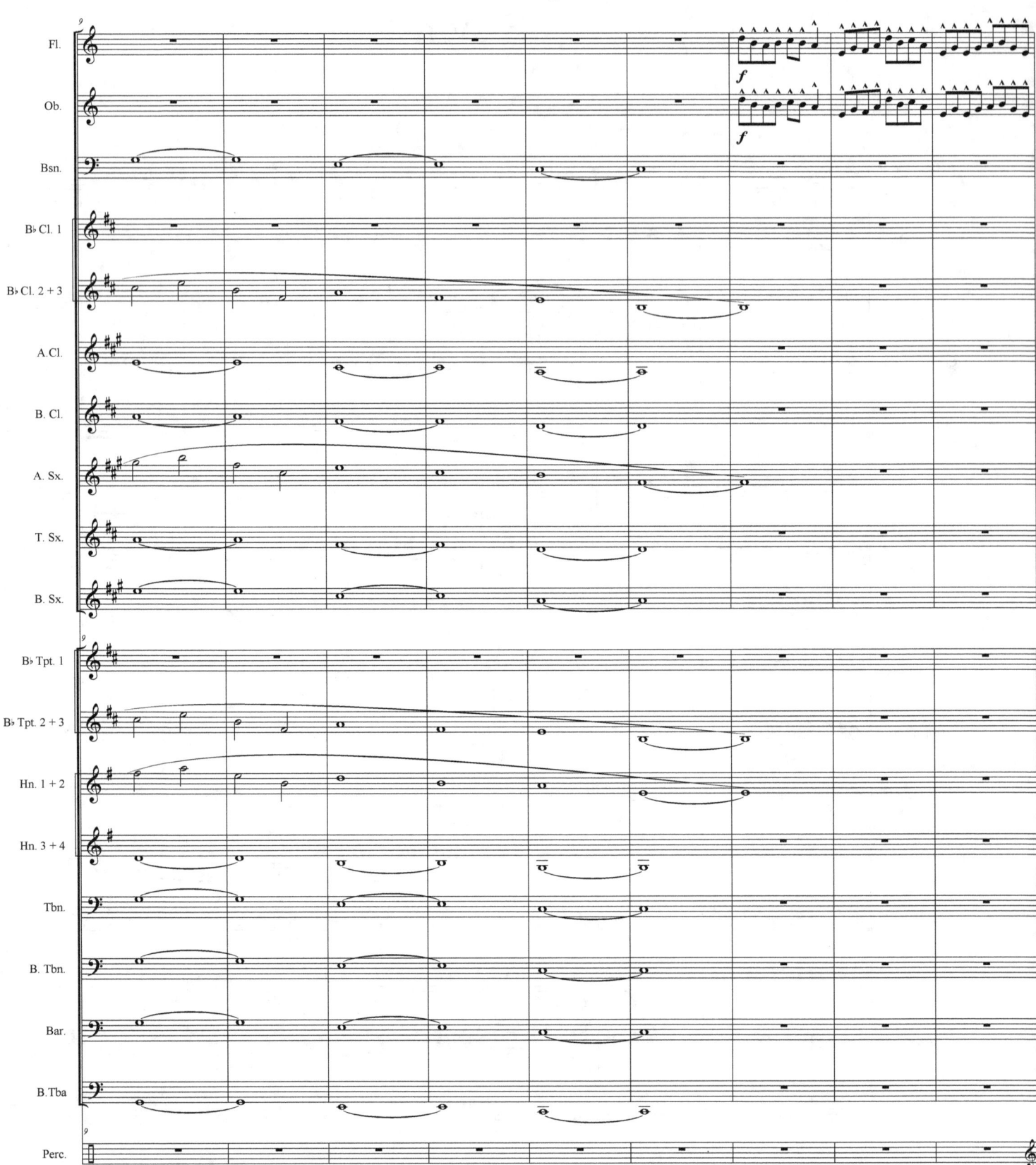

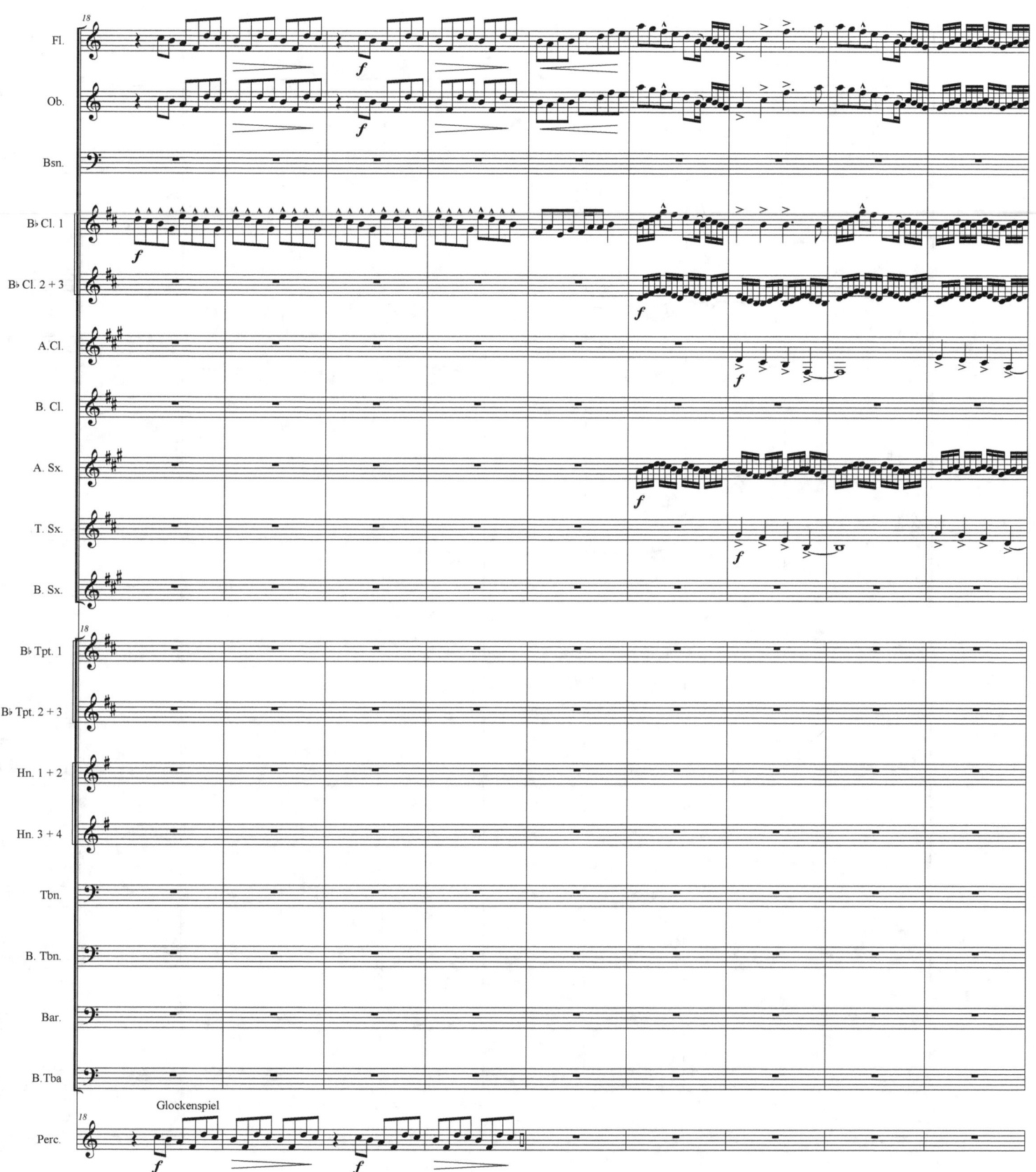

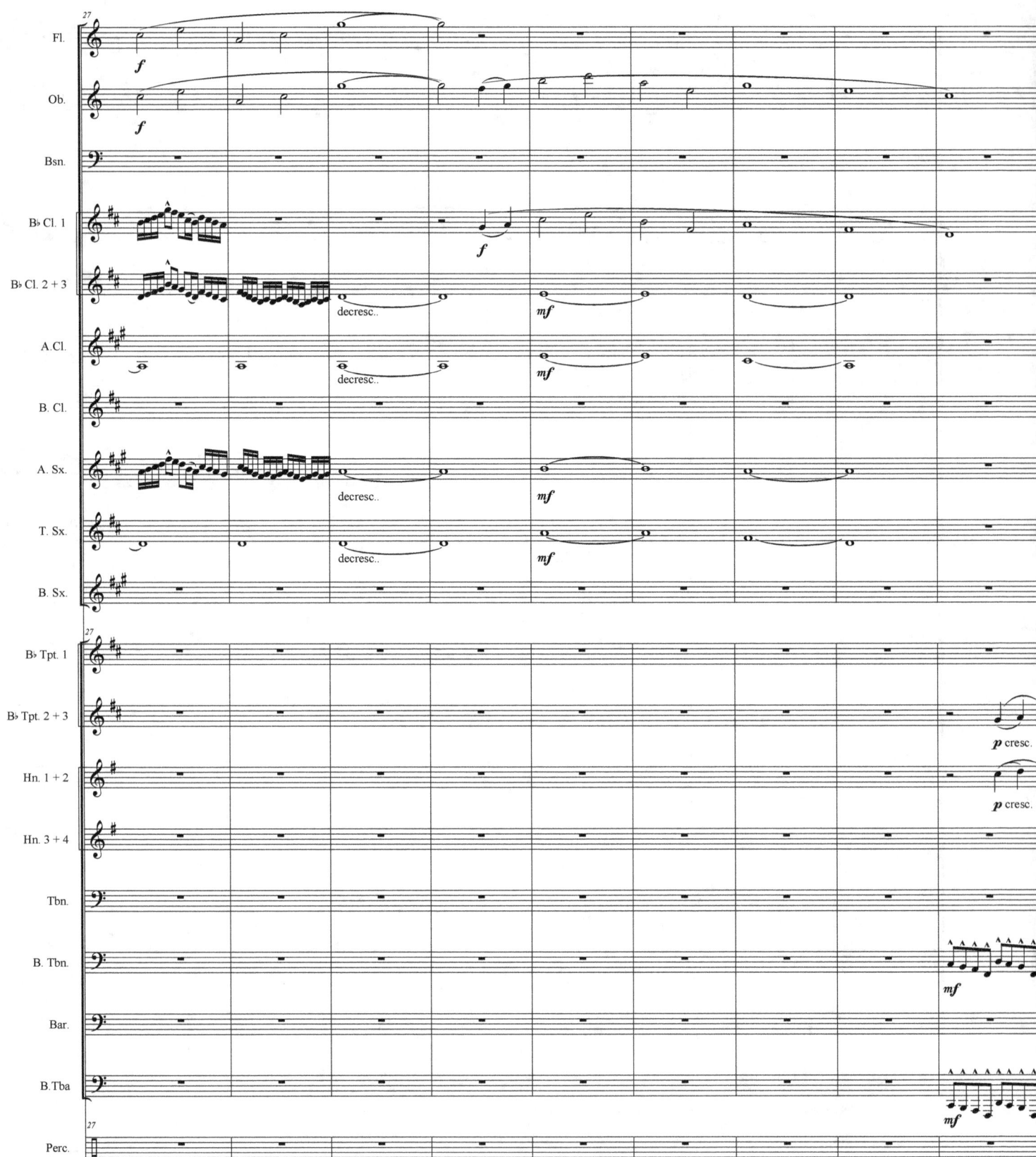

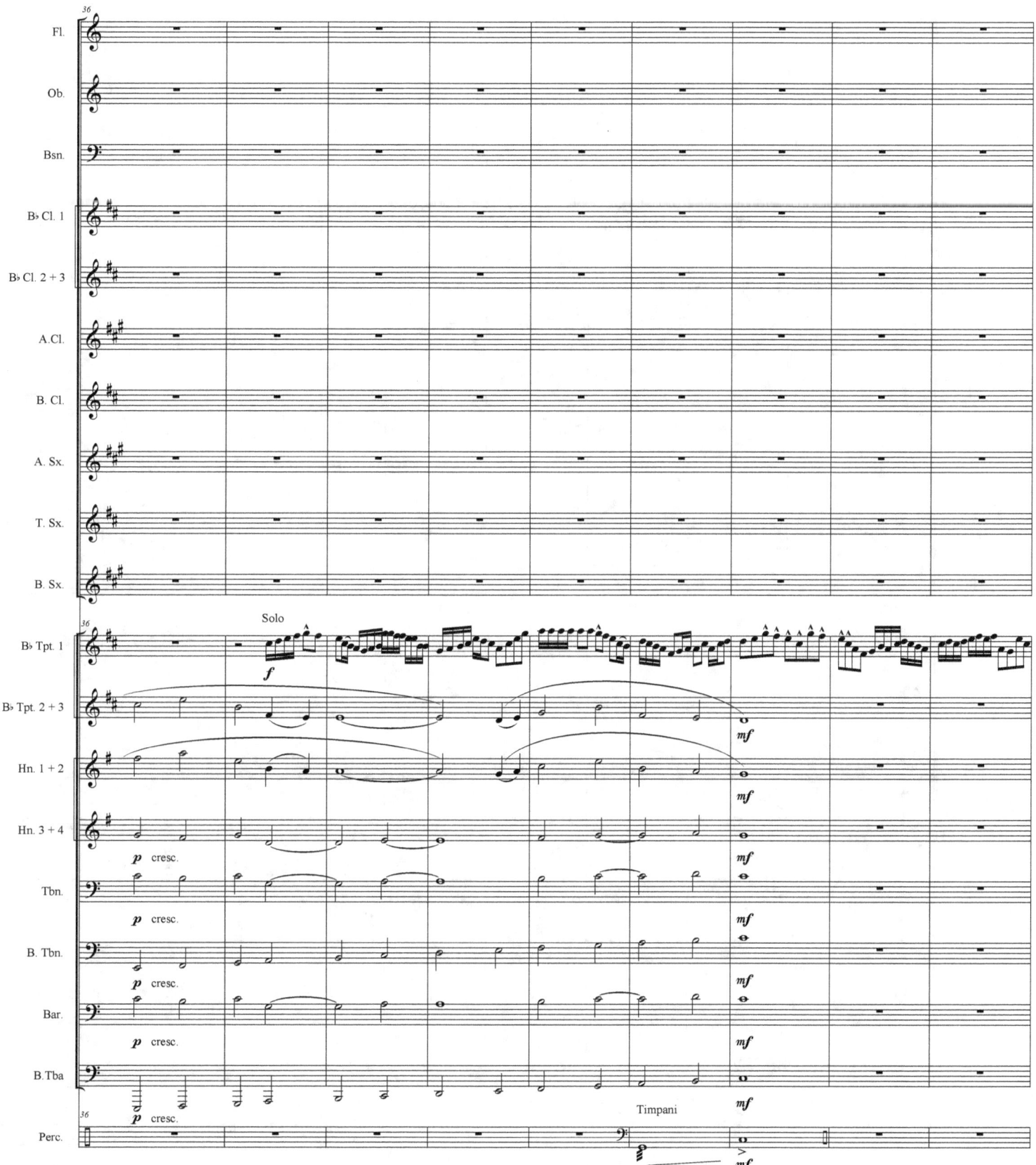

7

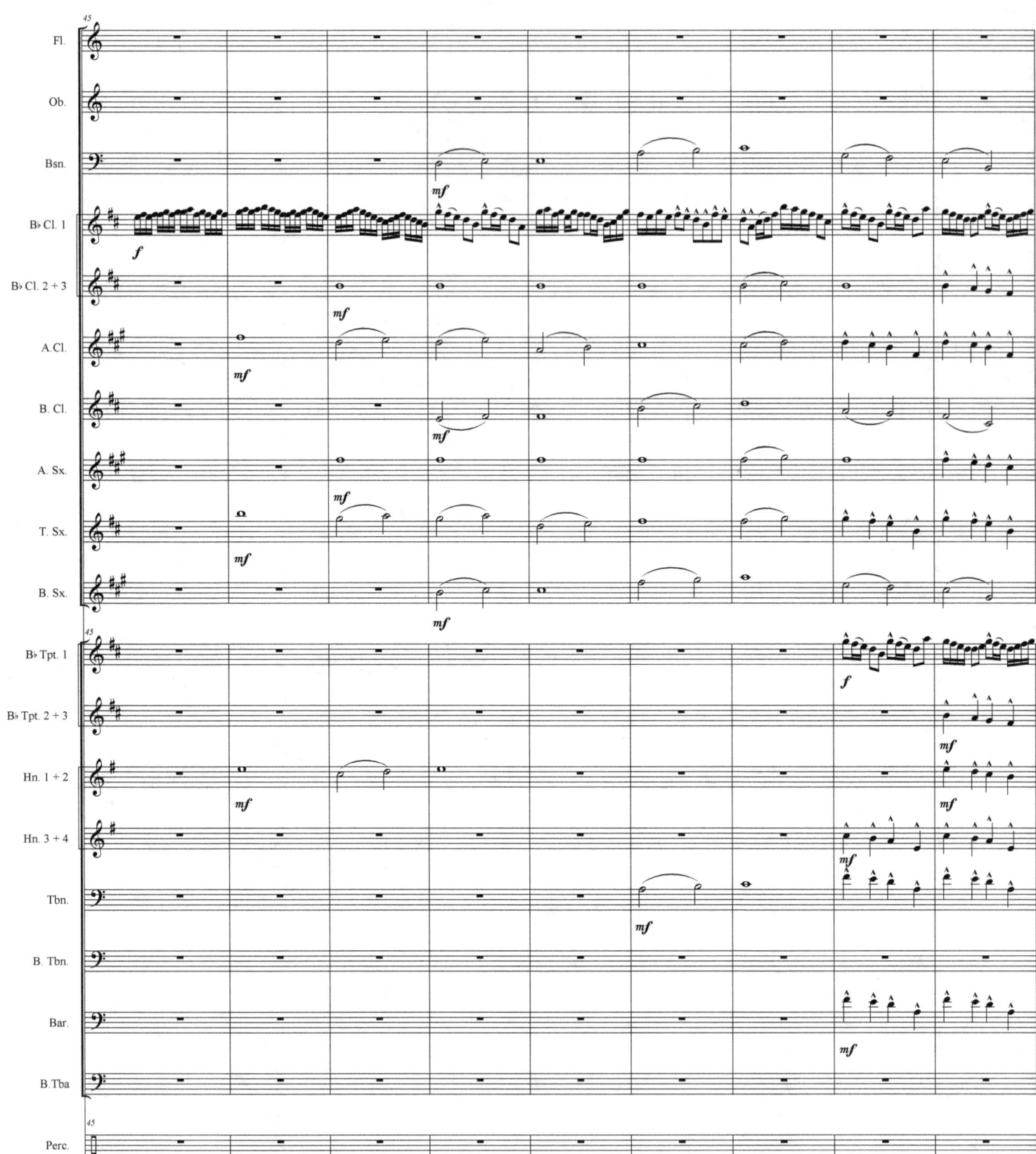

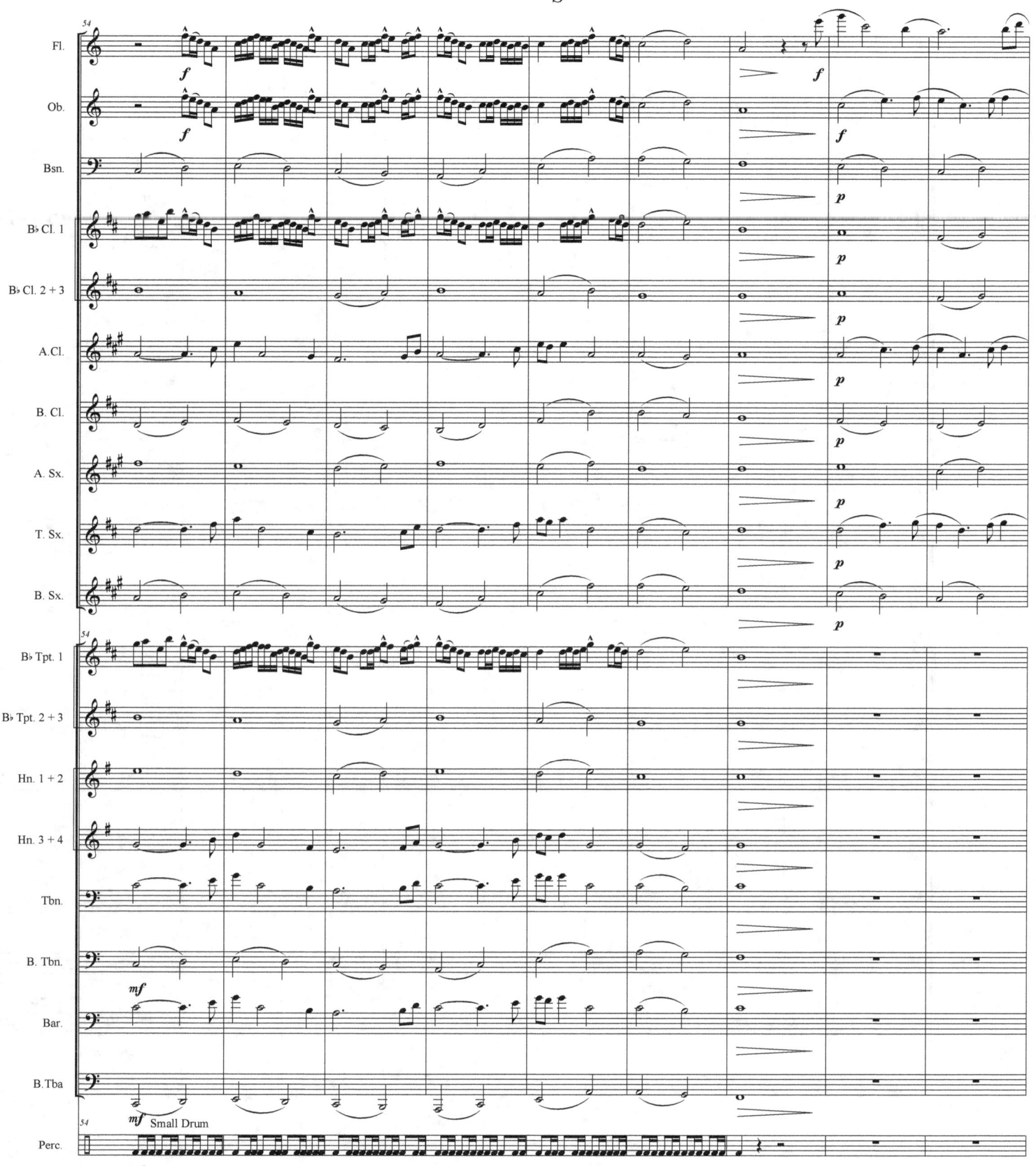

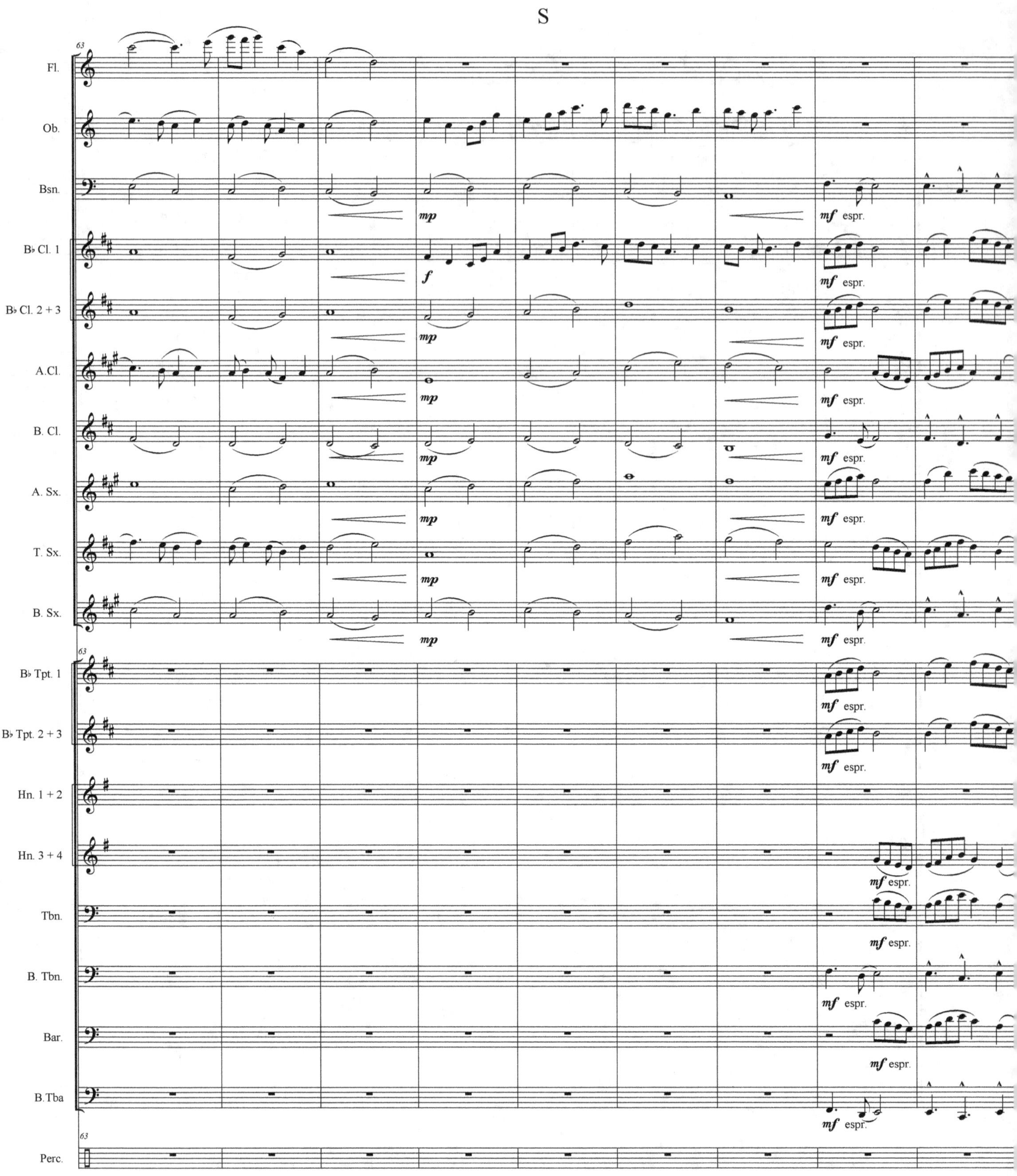

S

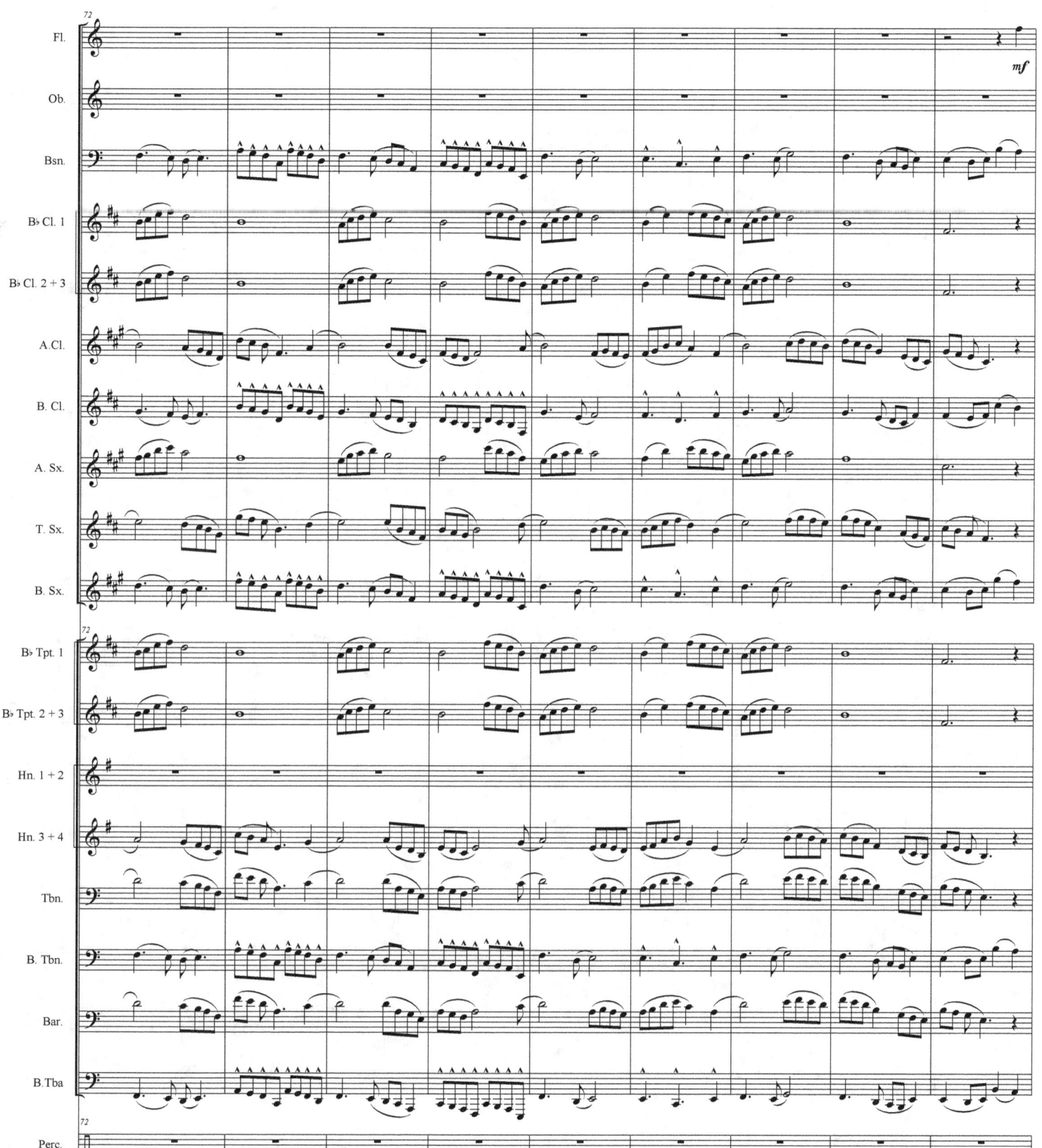

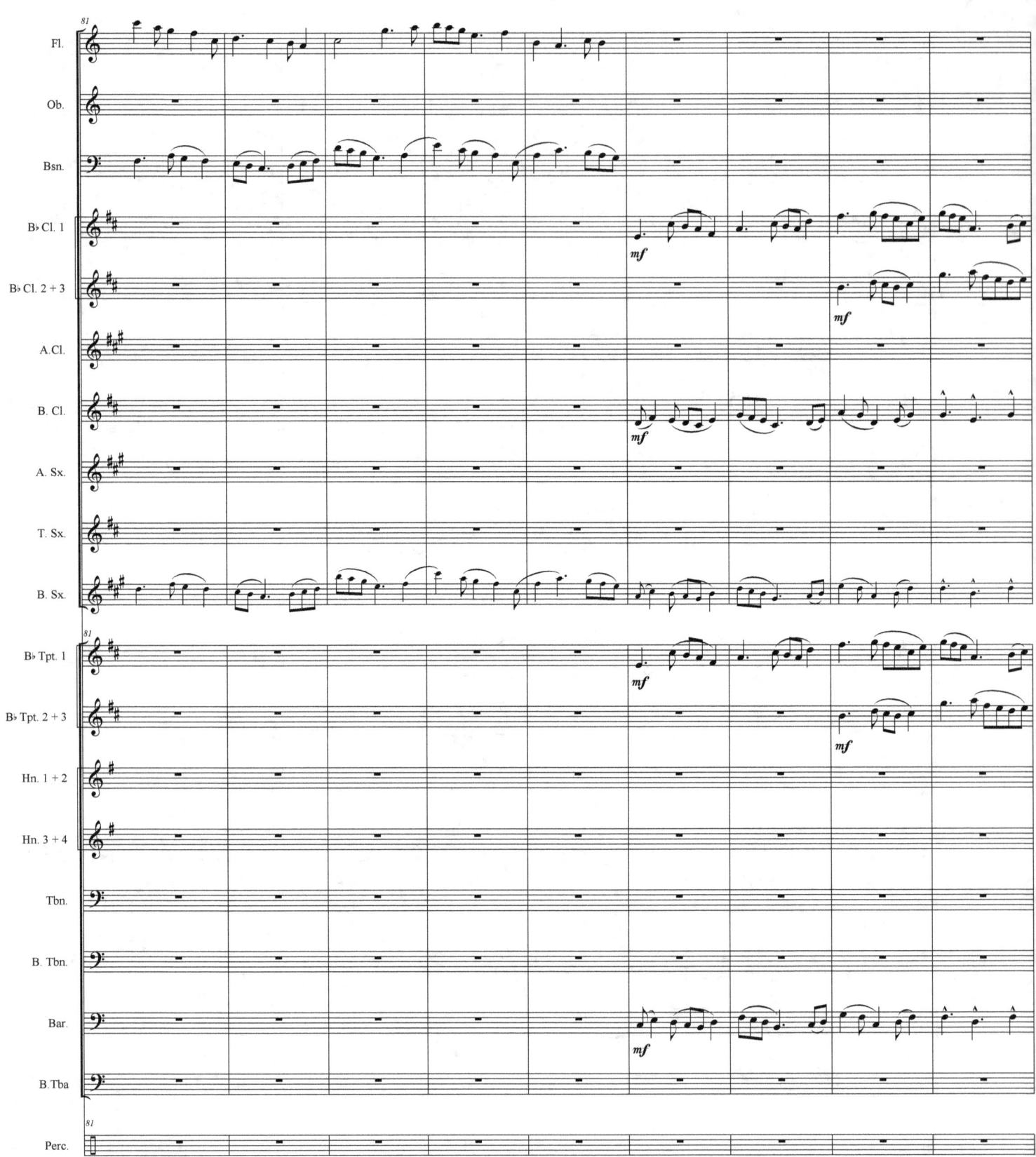

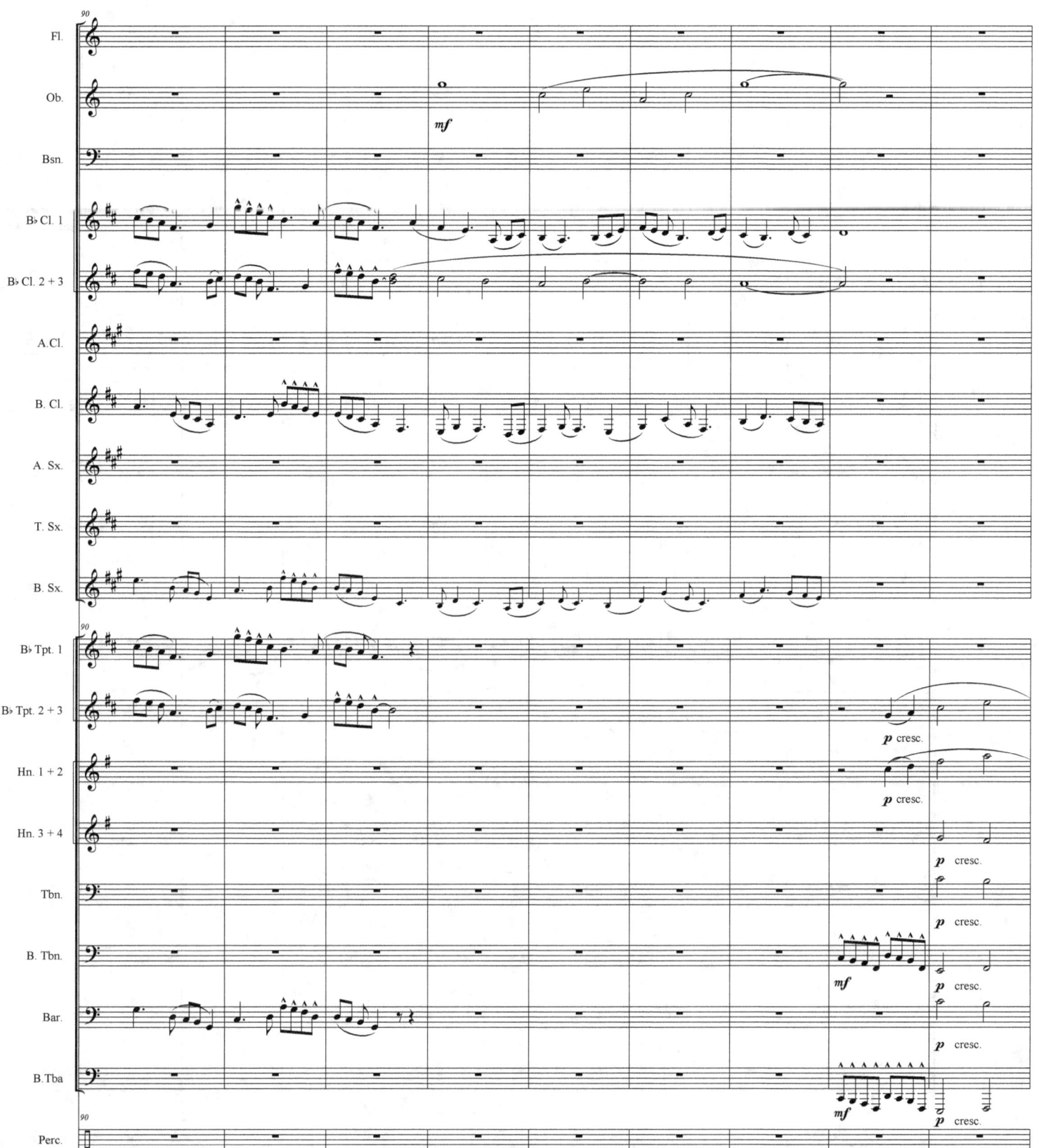

S

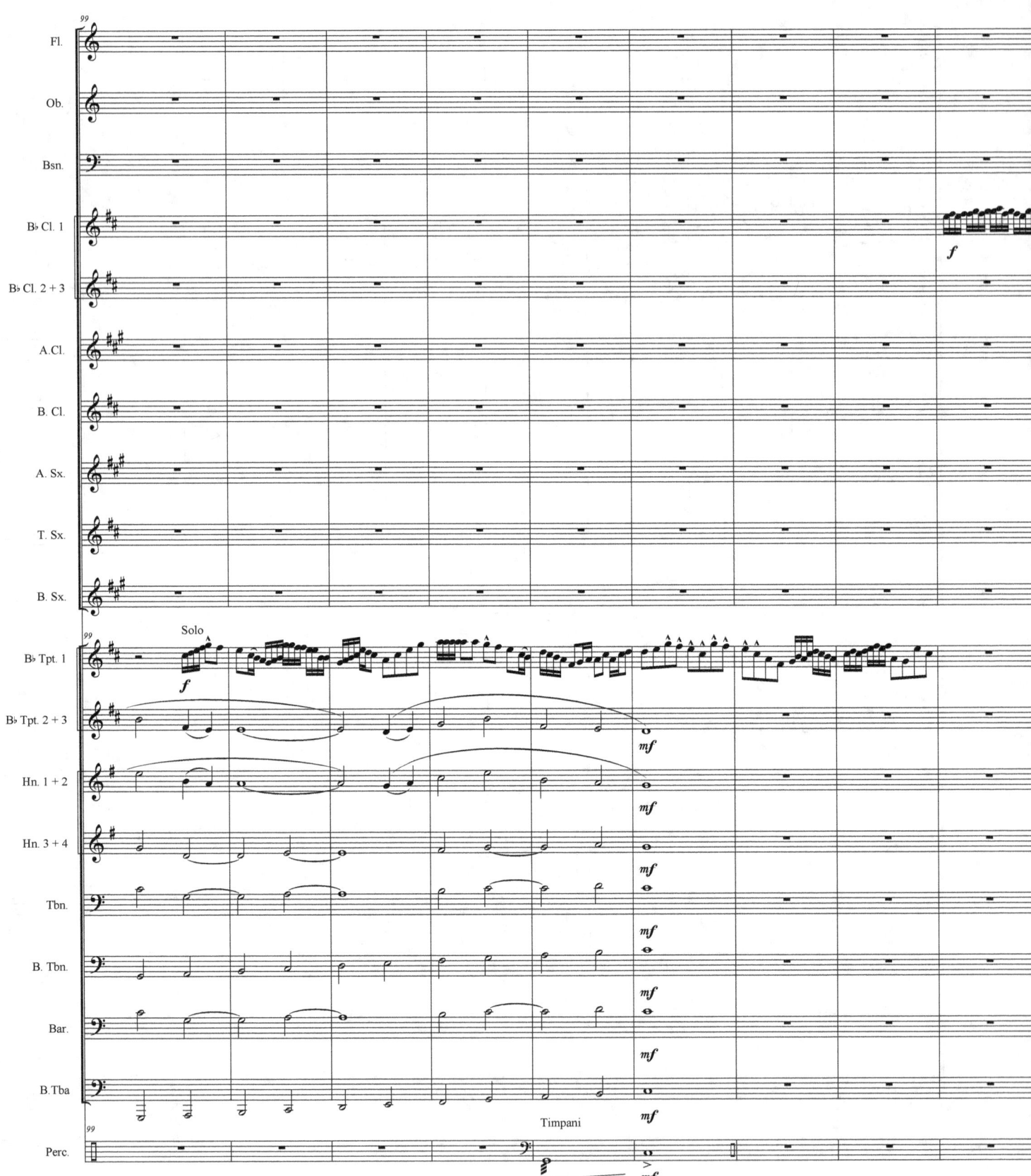

14

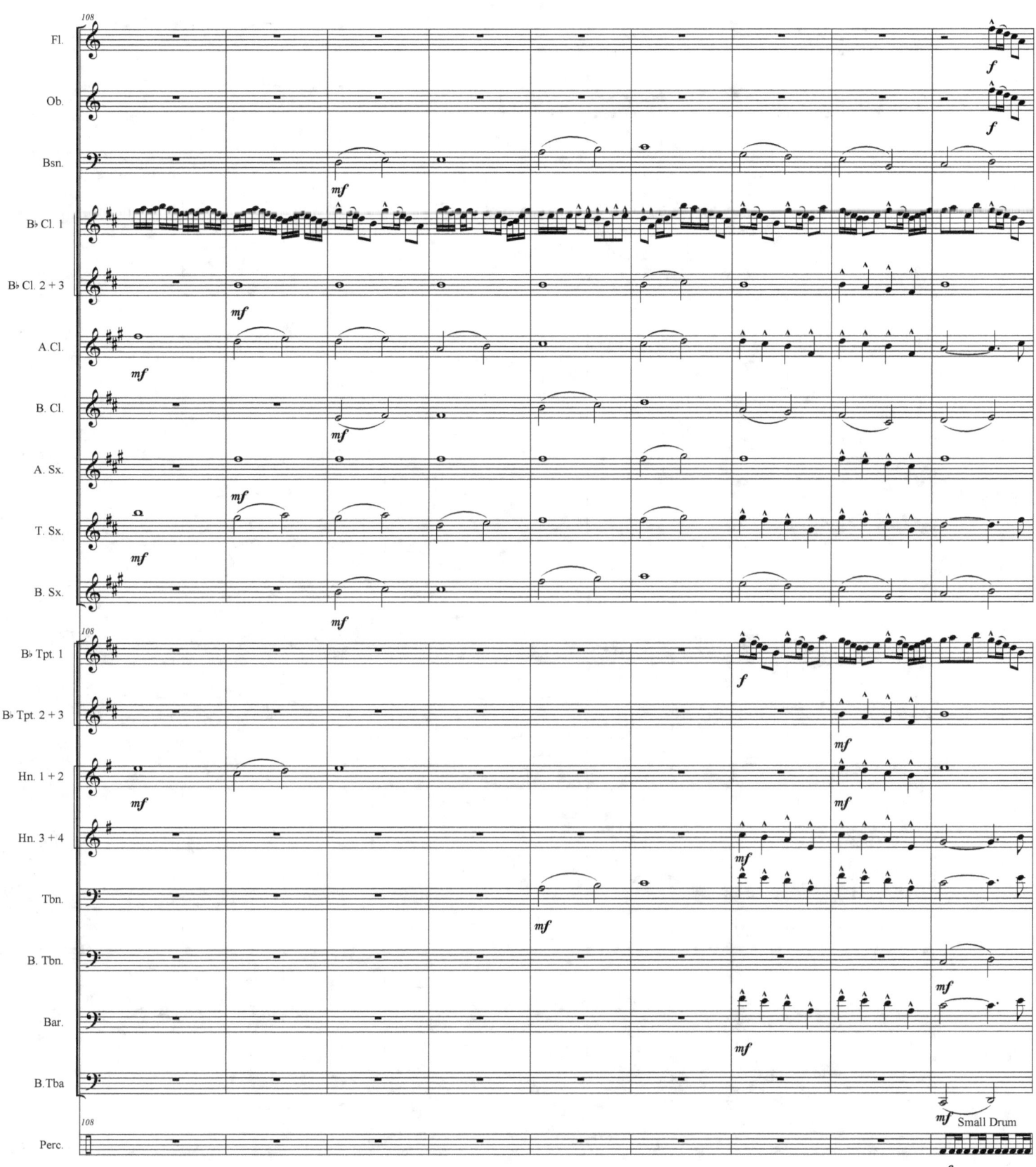

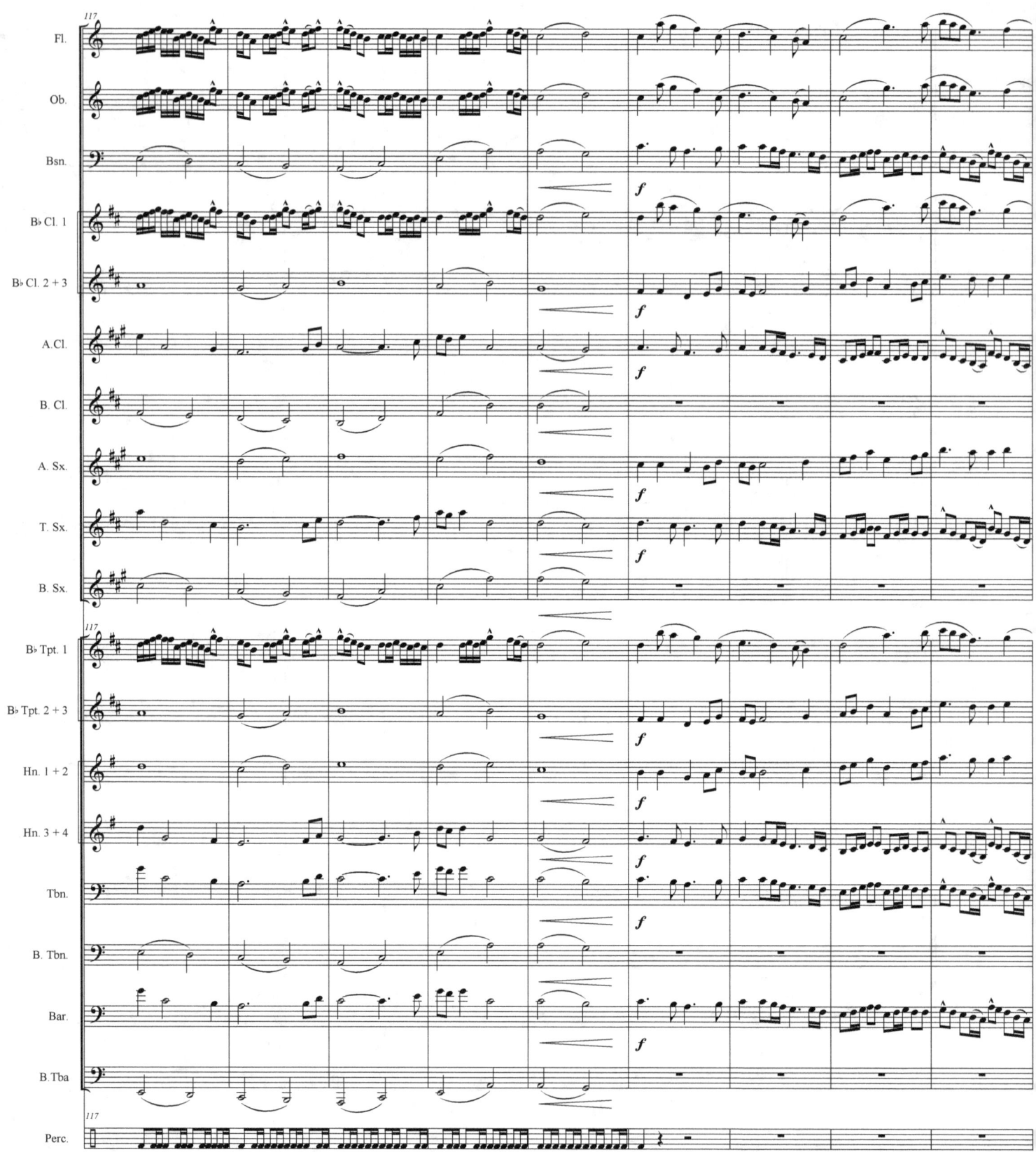

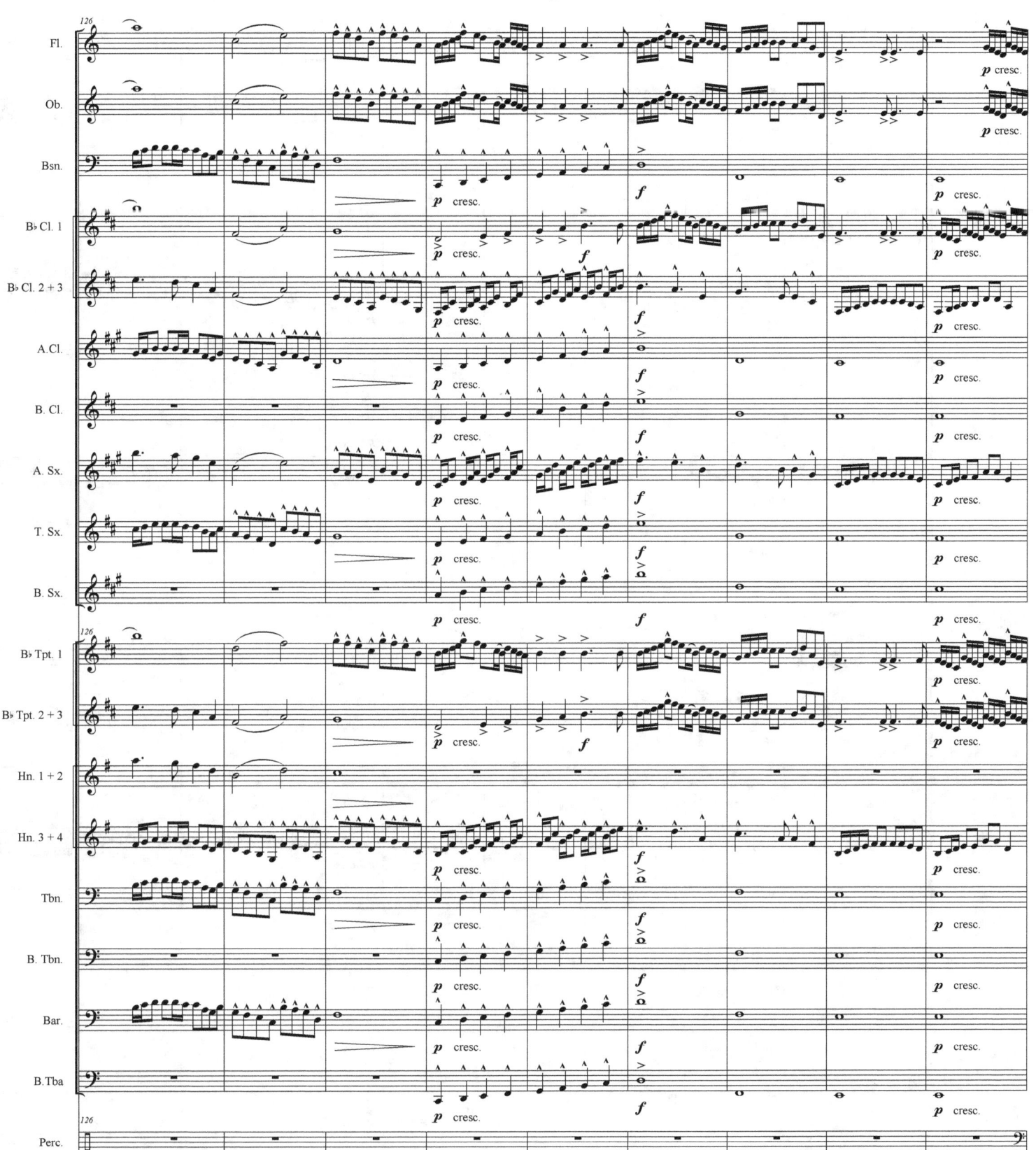

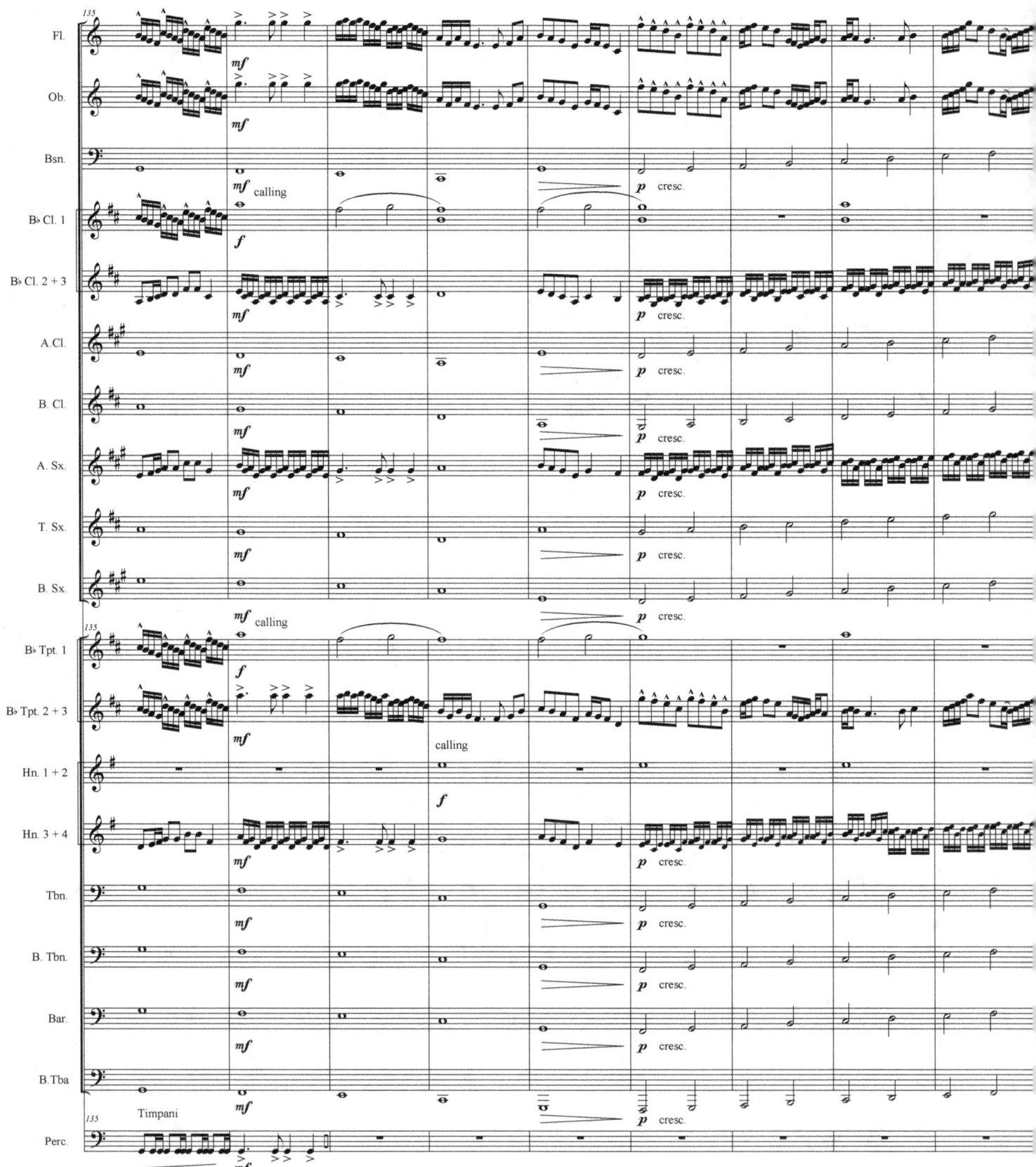

18

S

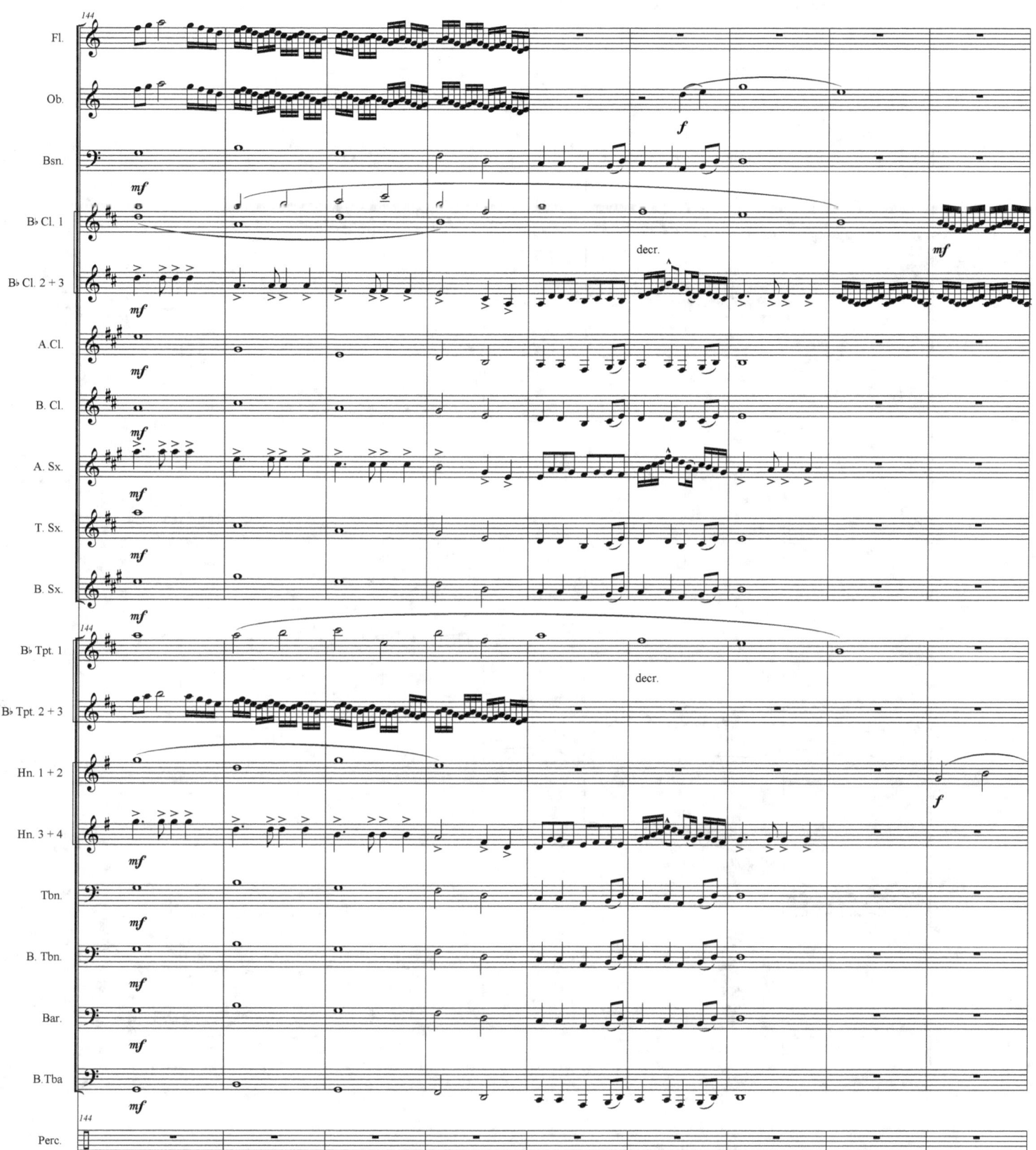

19

S

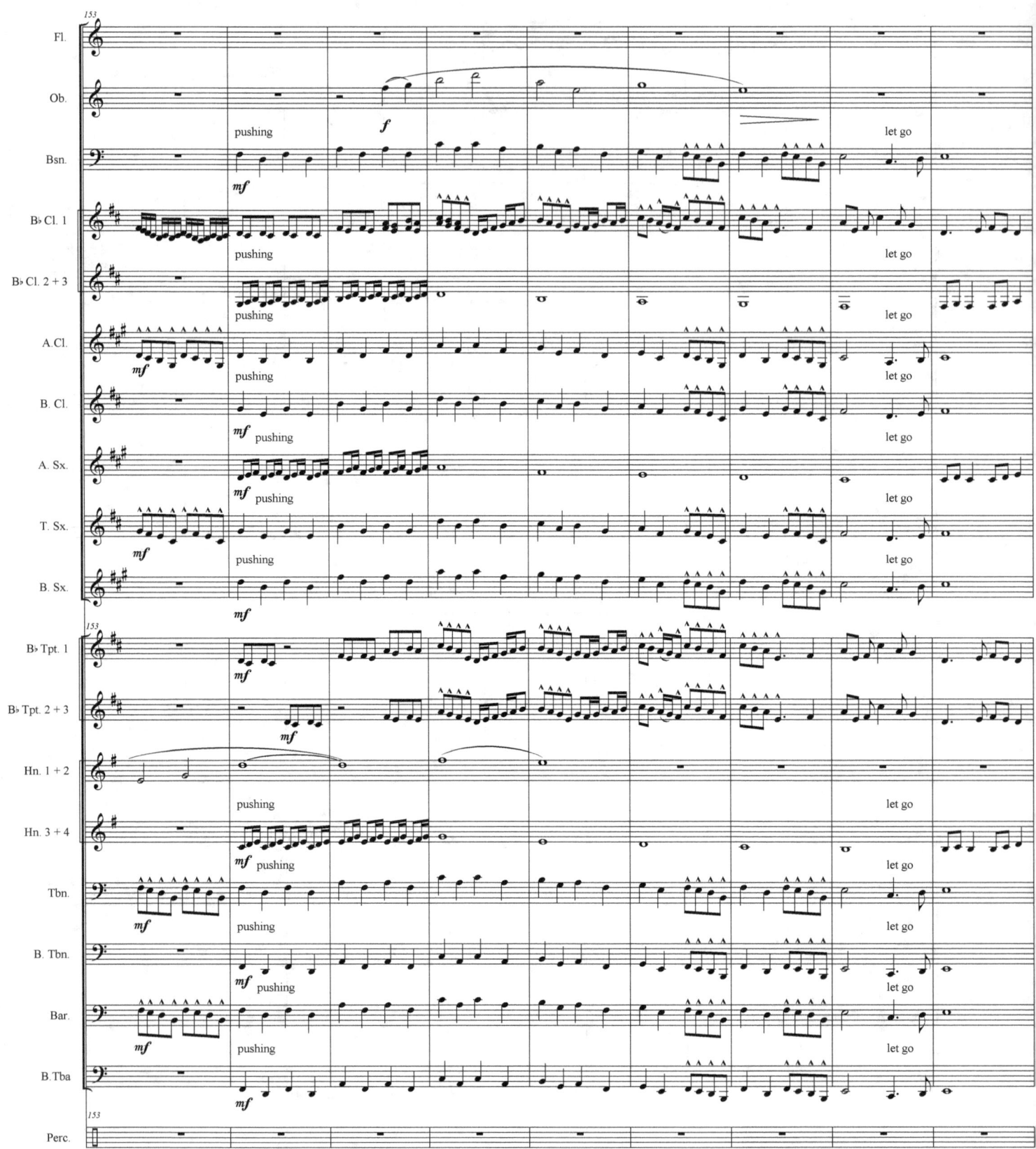

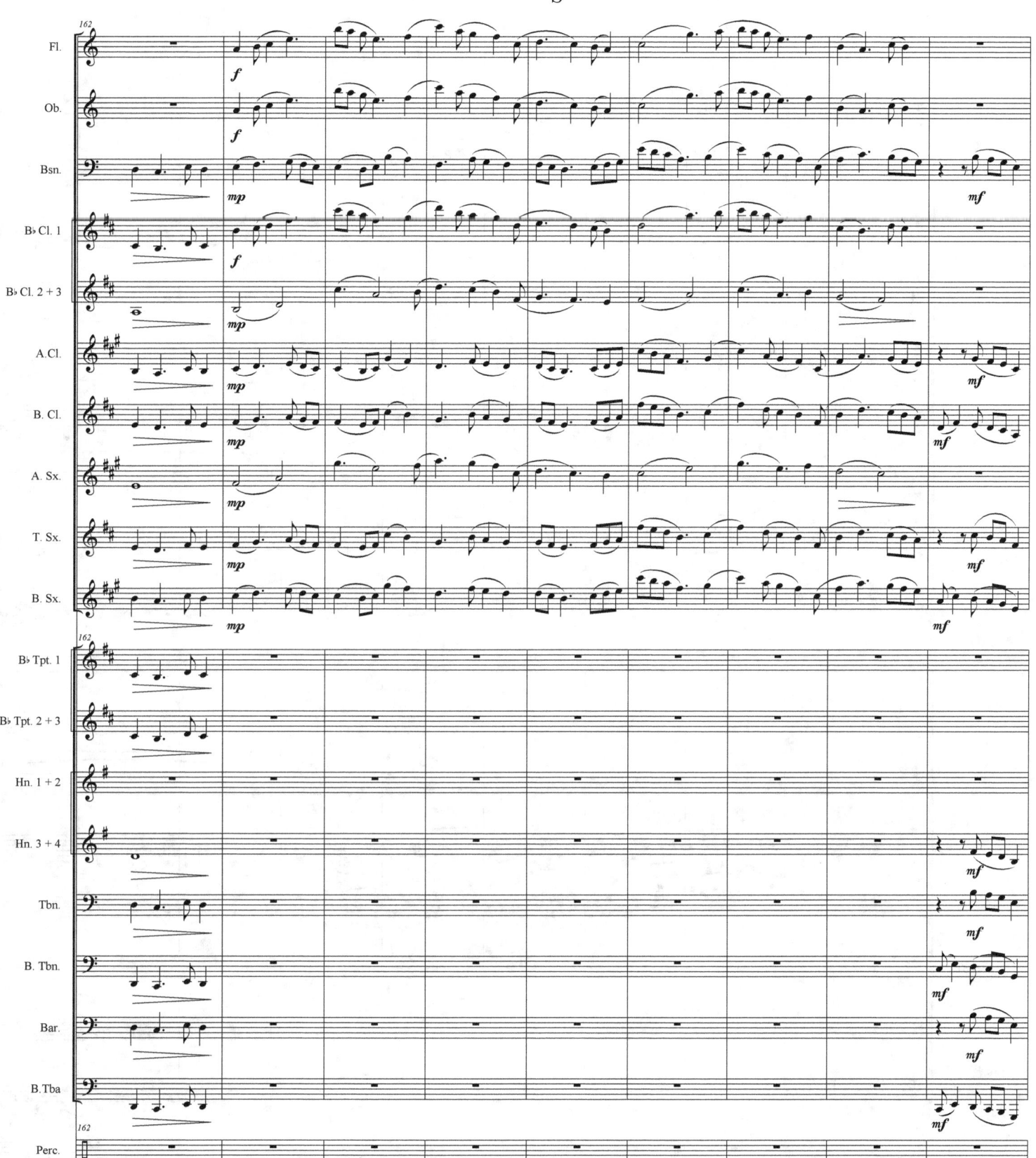

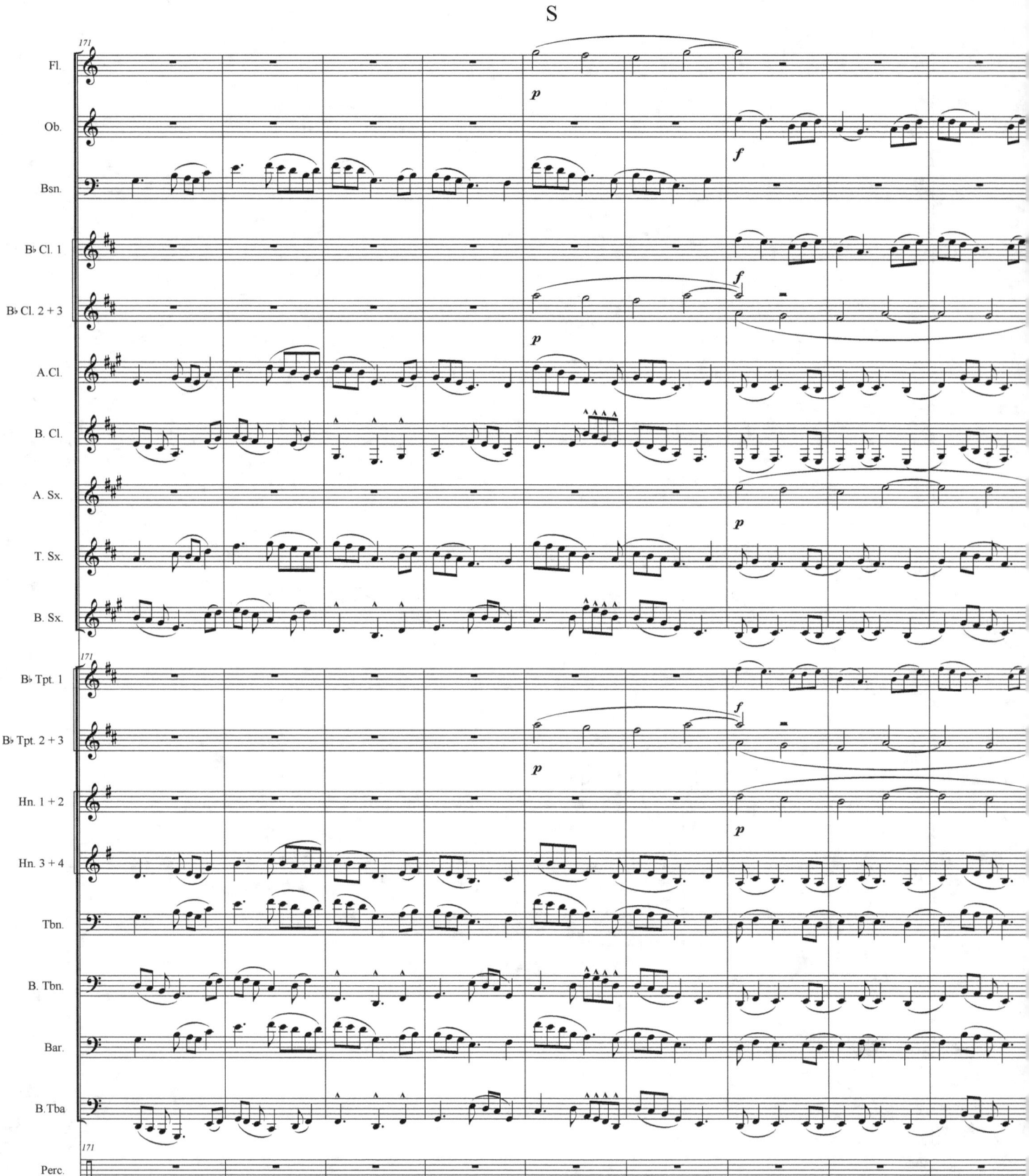

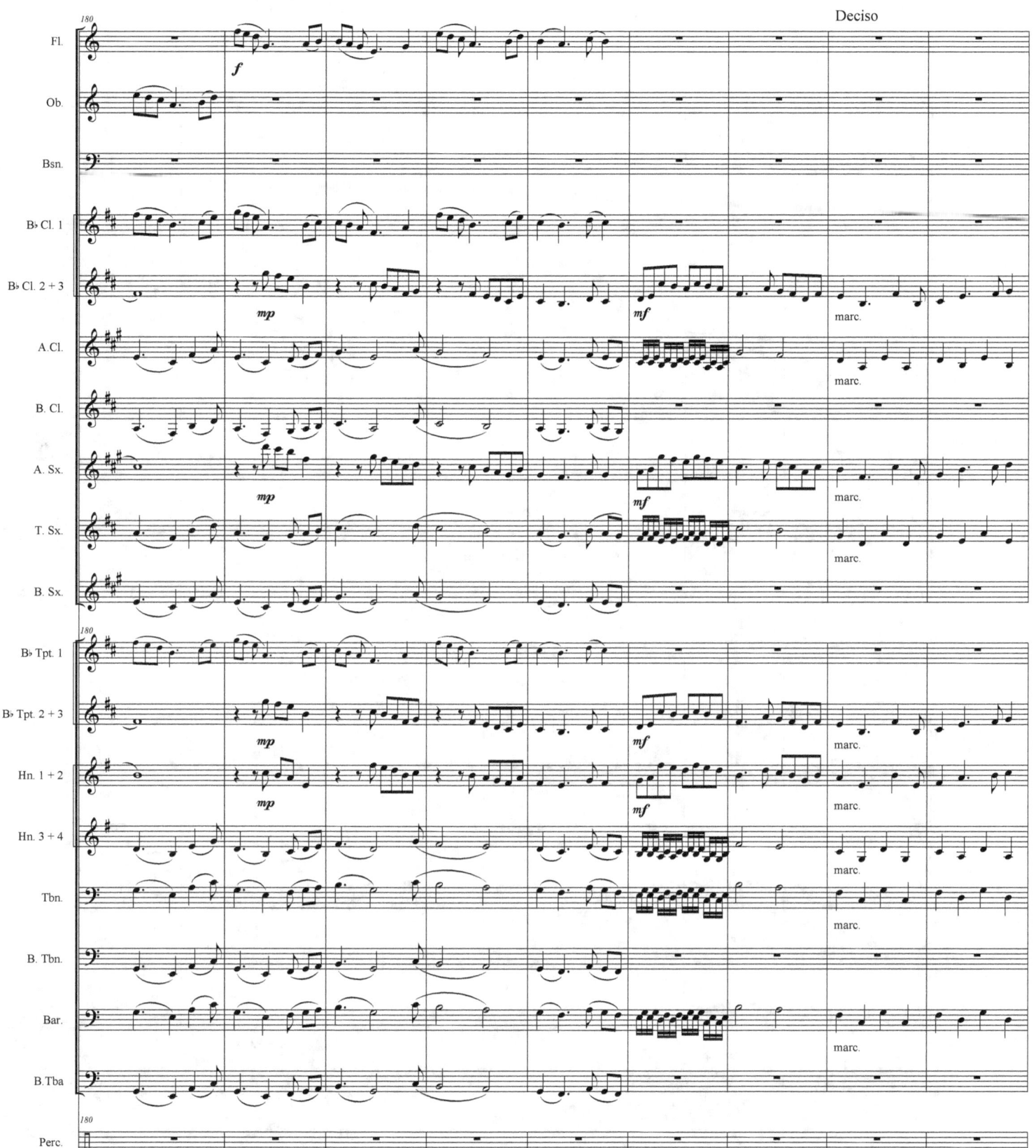

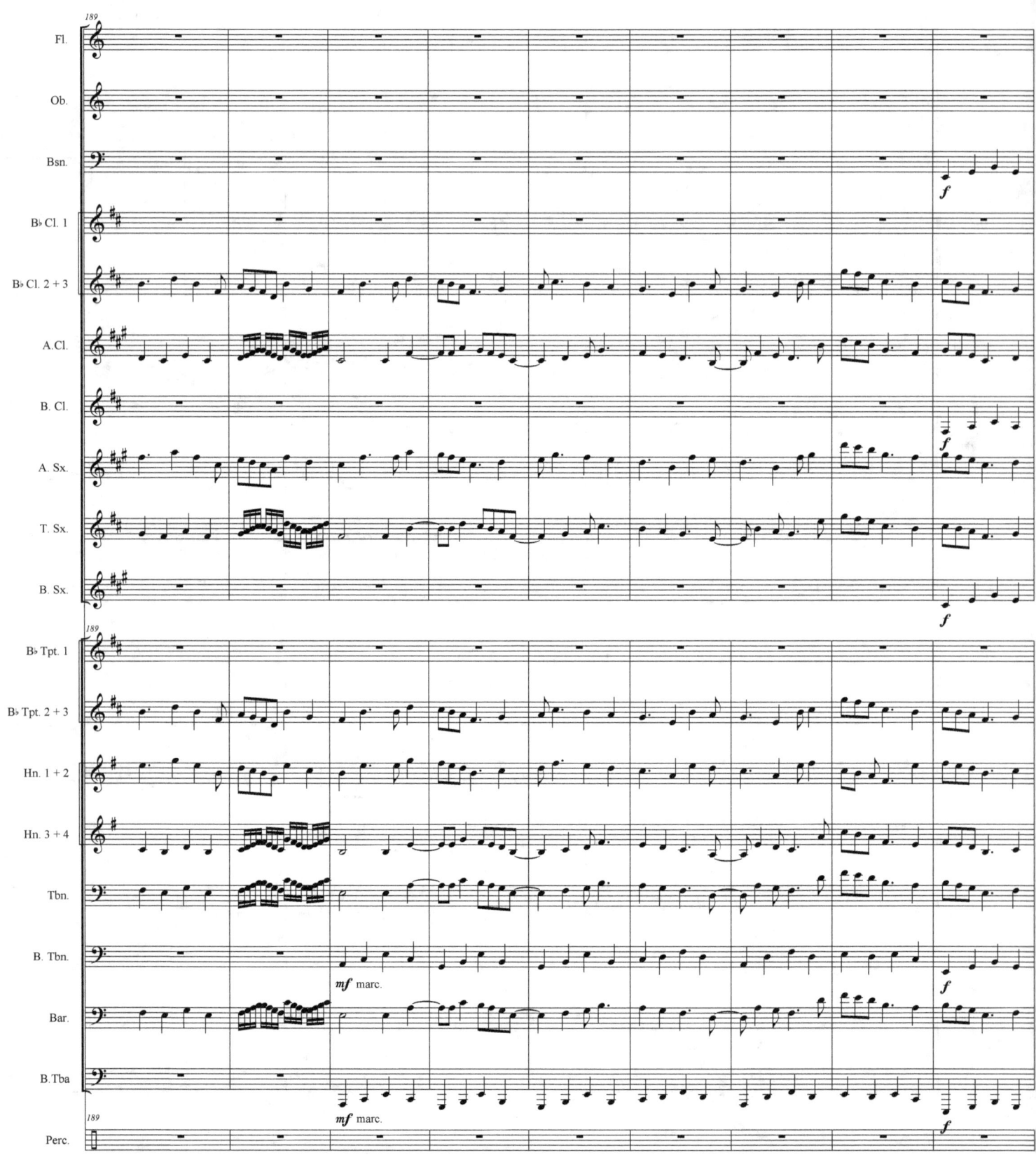

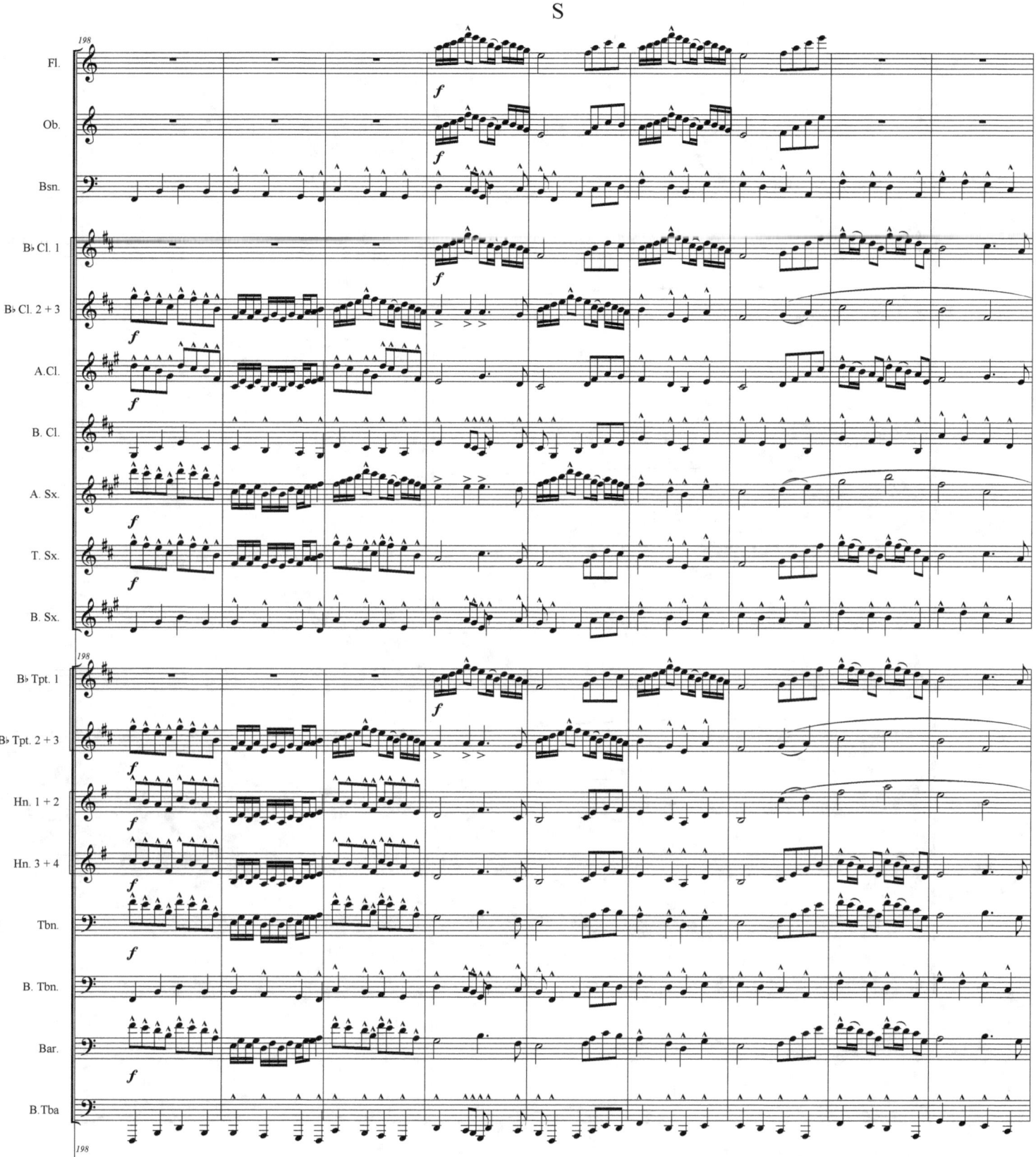

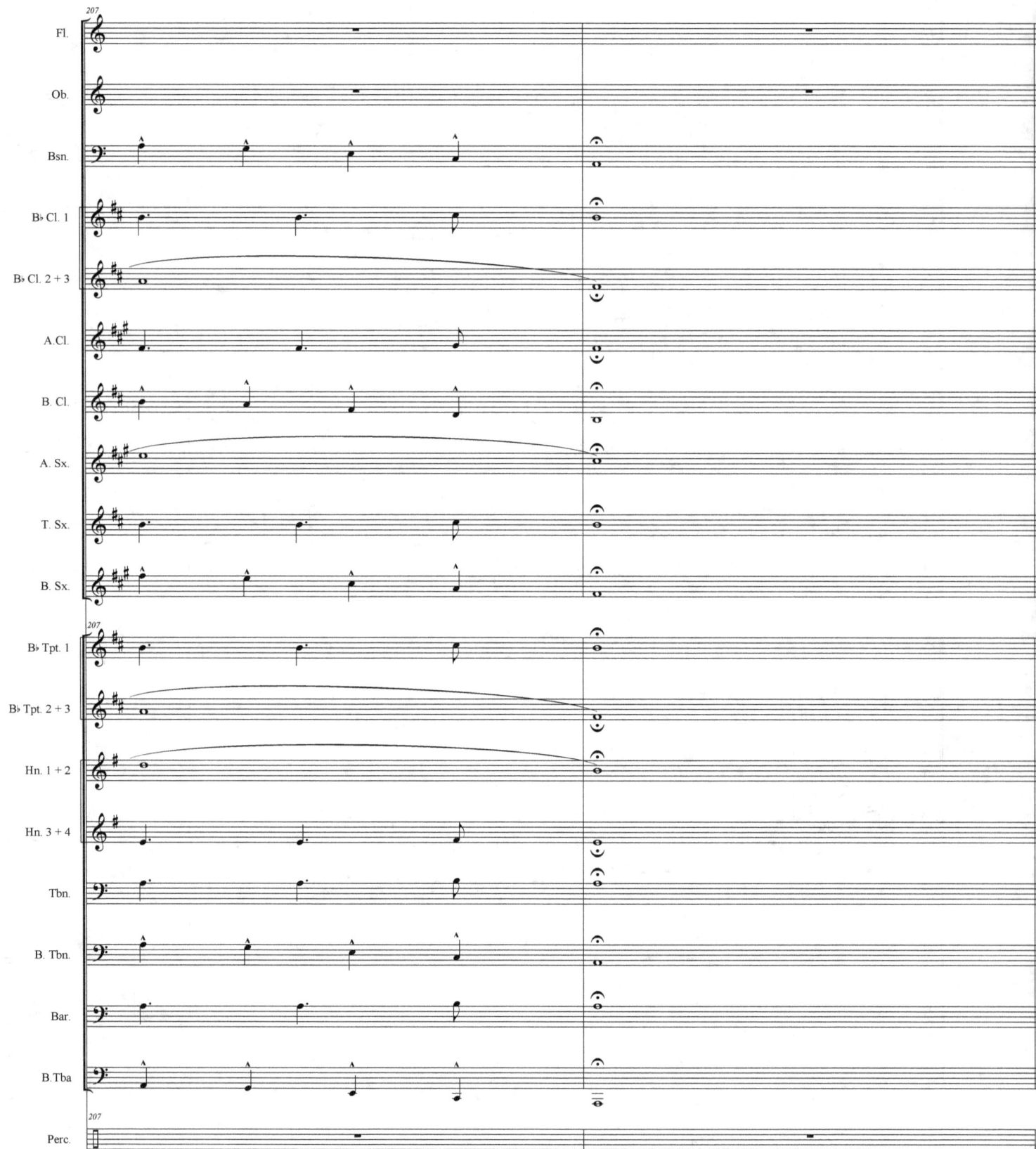

S sym 1

Joost de Groot

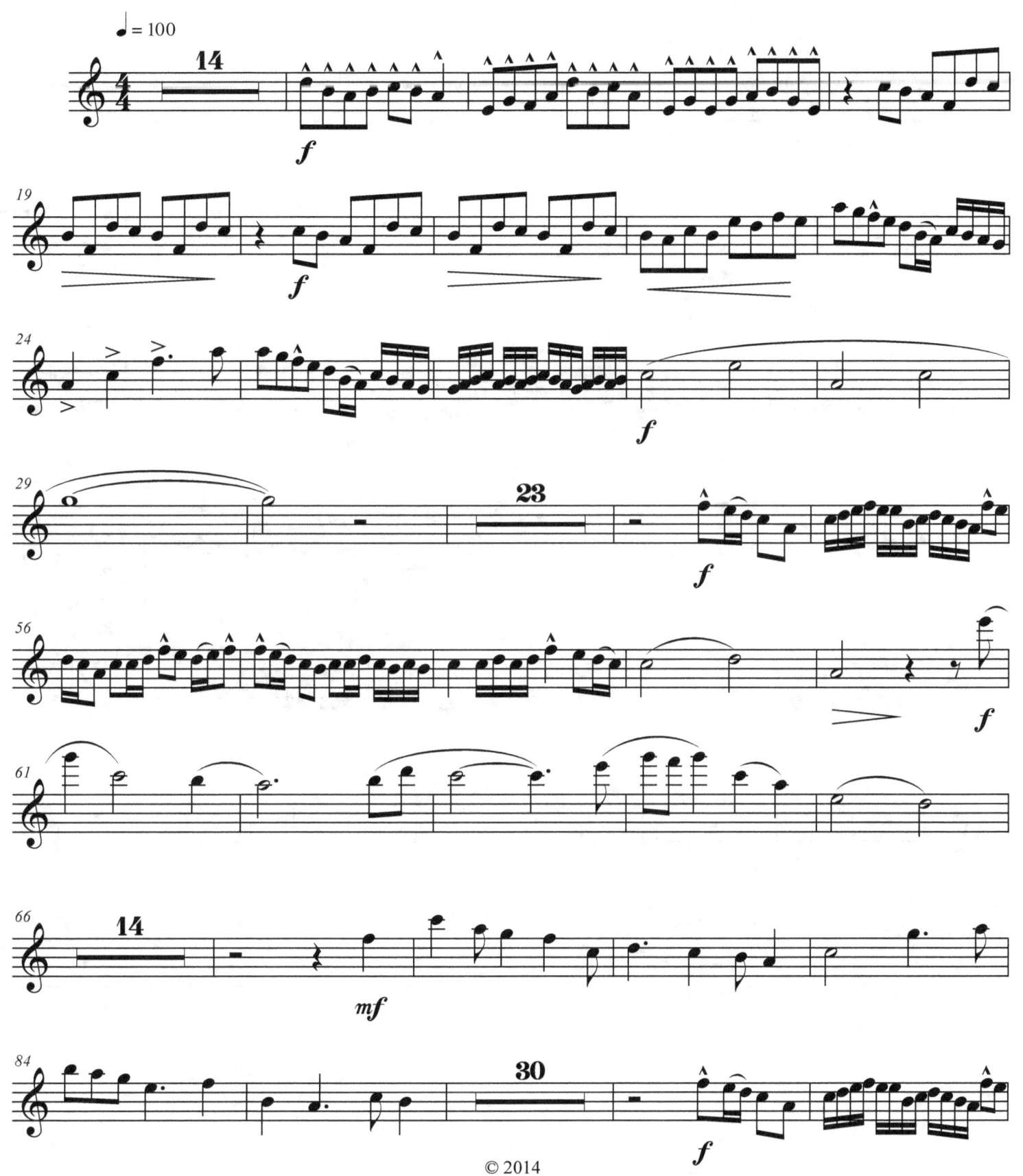

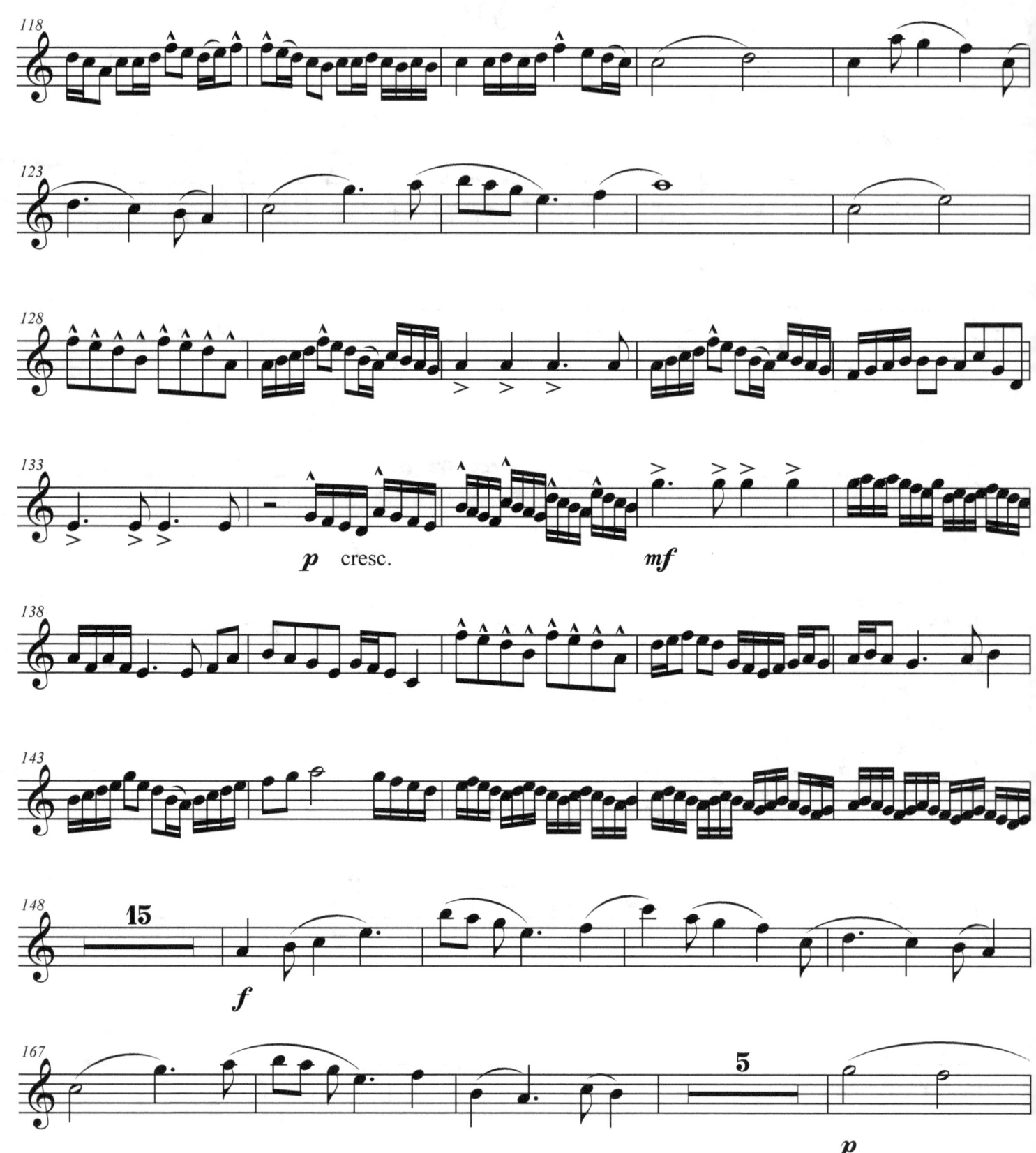

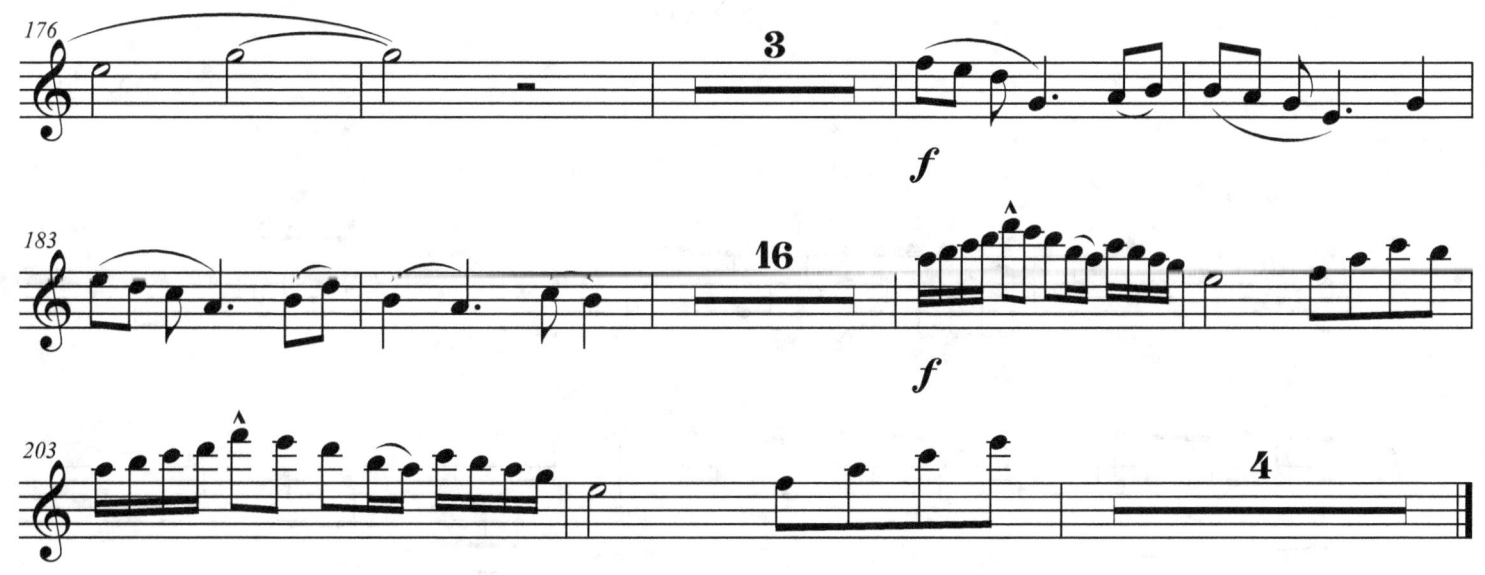

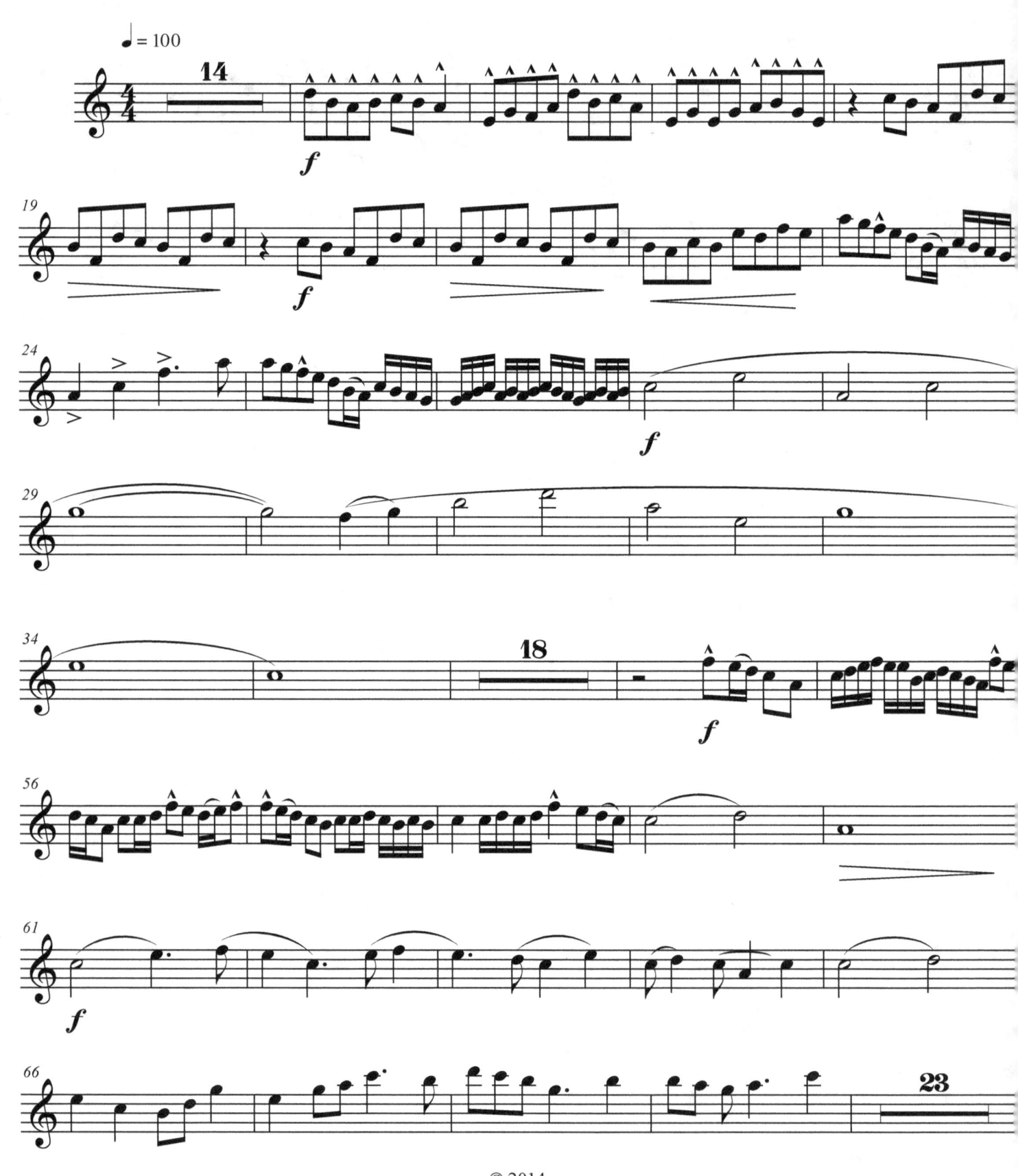

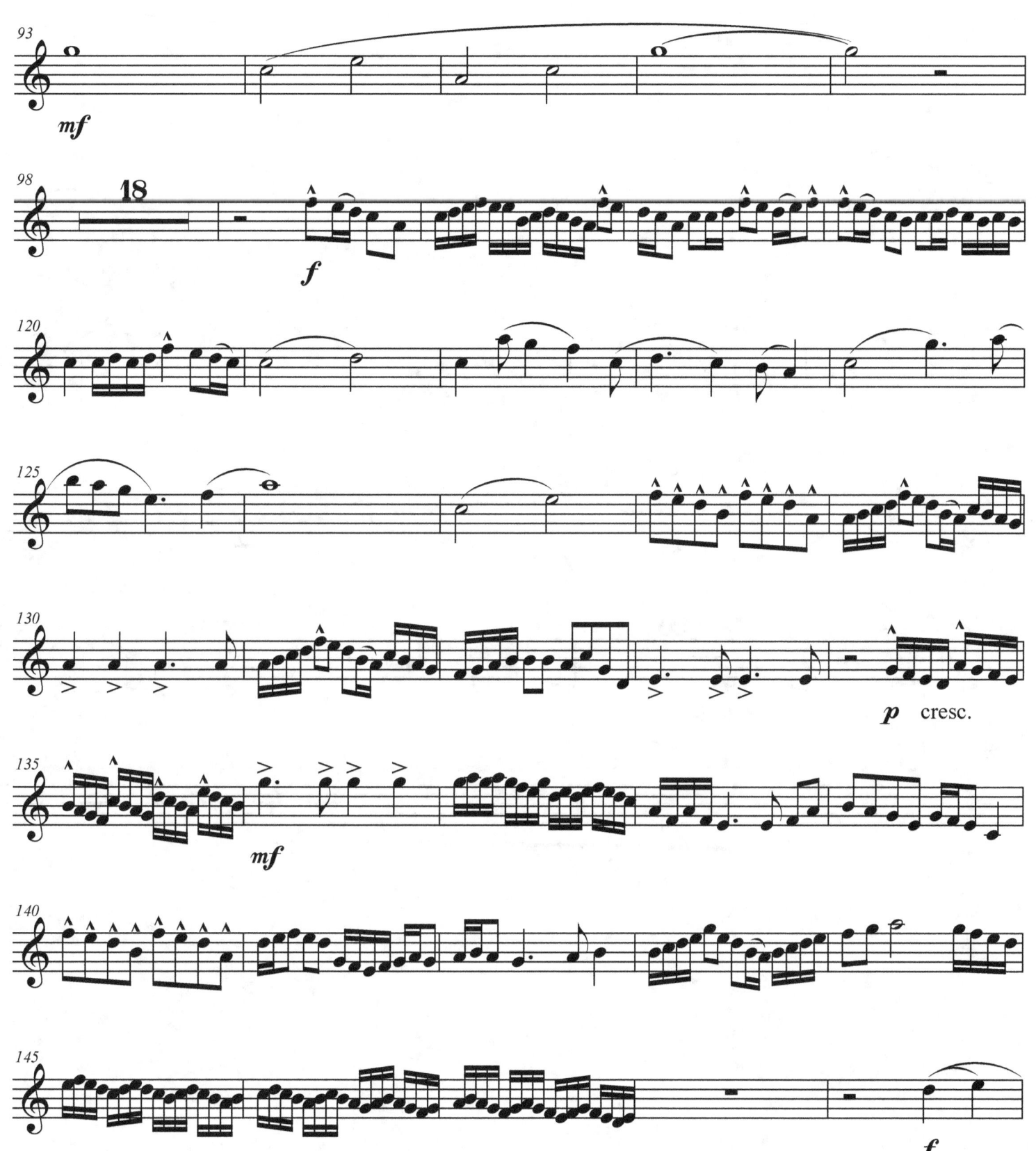

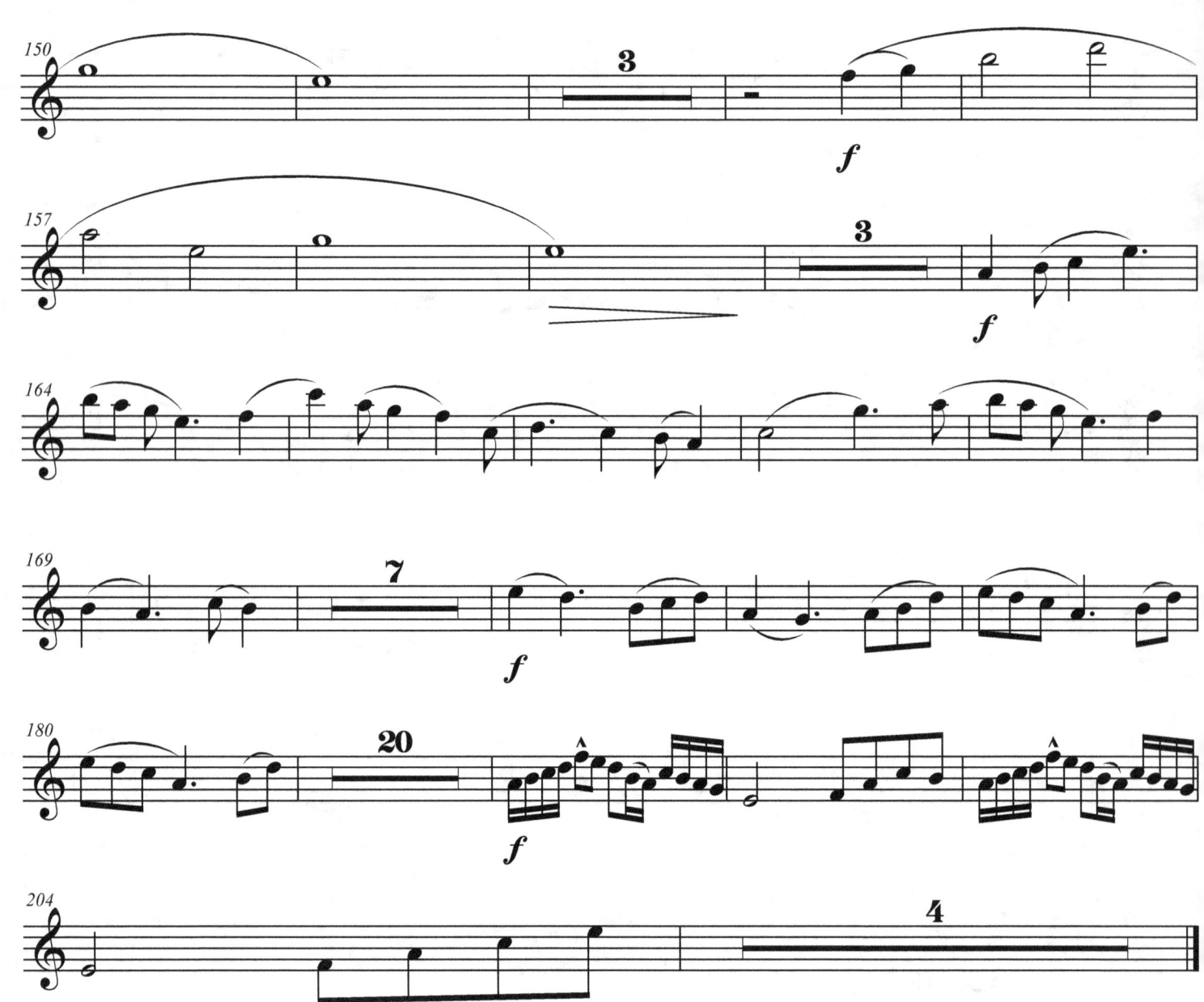

S sym 1

C Bassoon

Joost de Groot

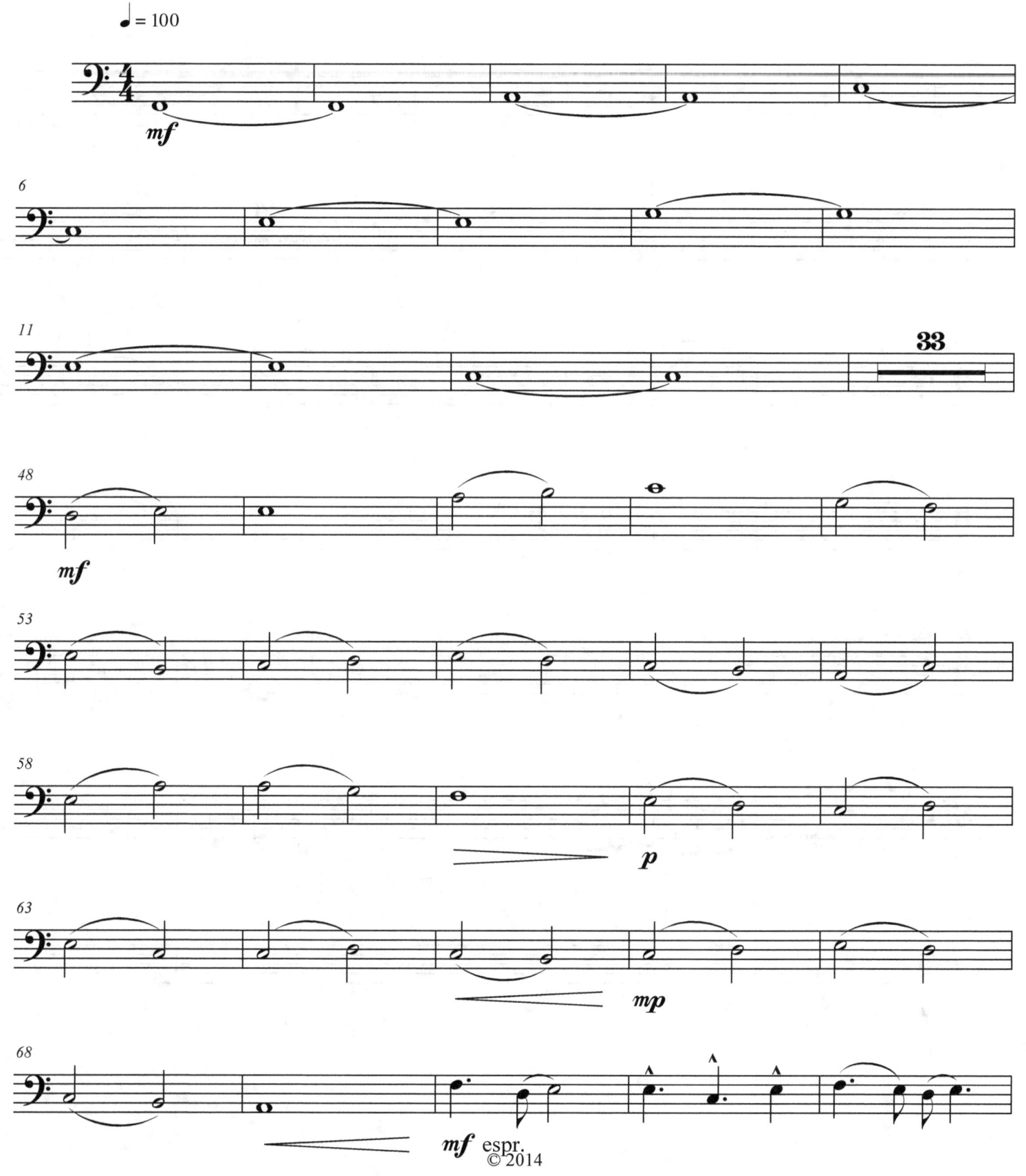

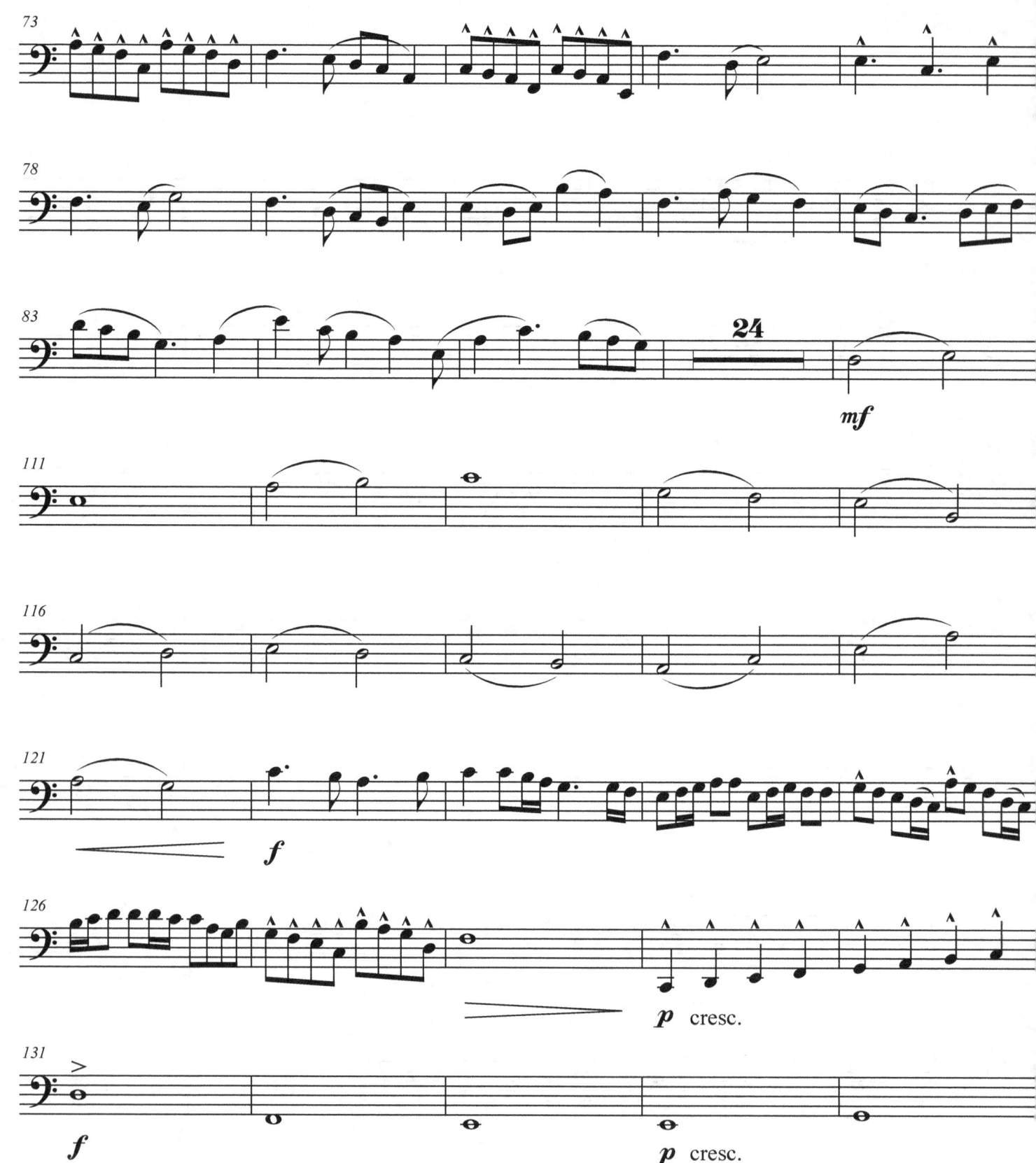

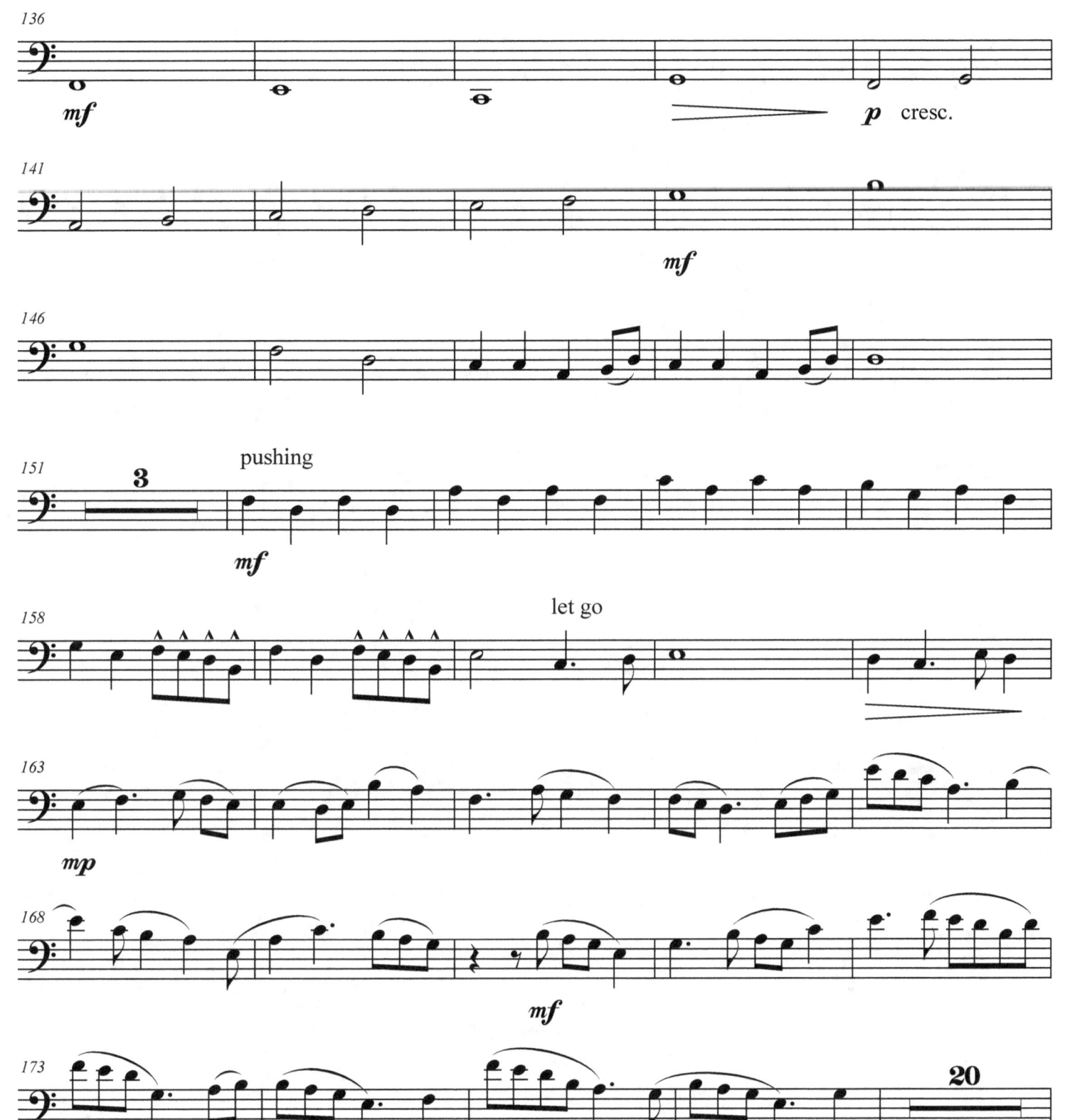

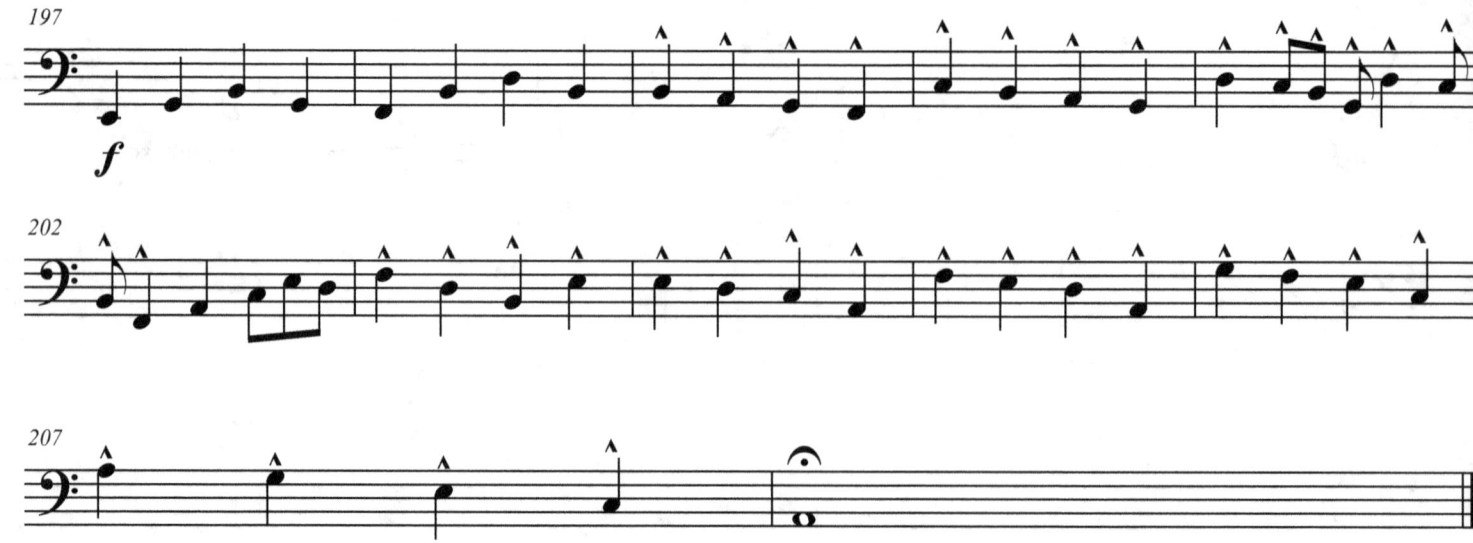

S sym 1

Bes Clarinet 1

Joost de Groot

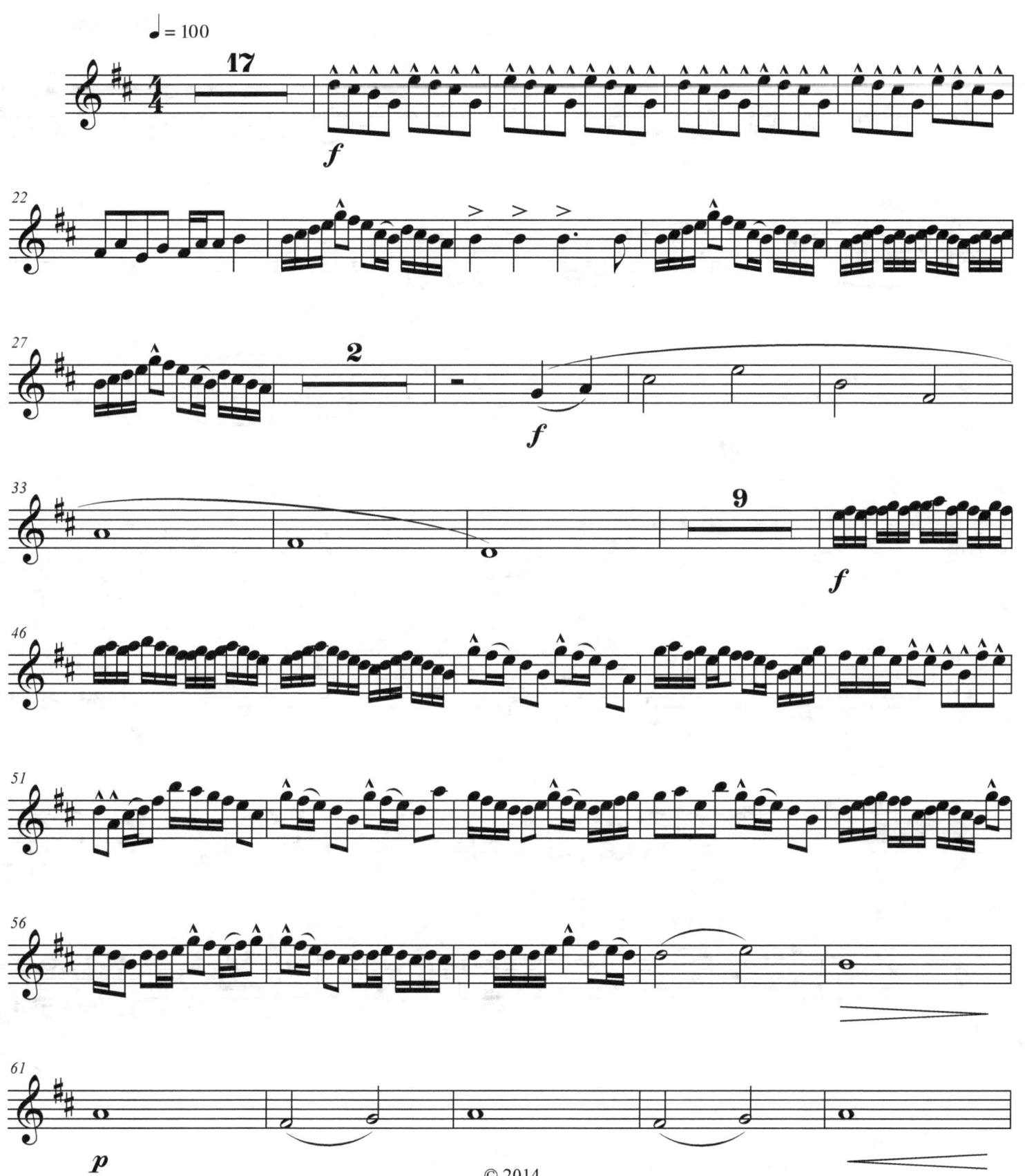

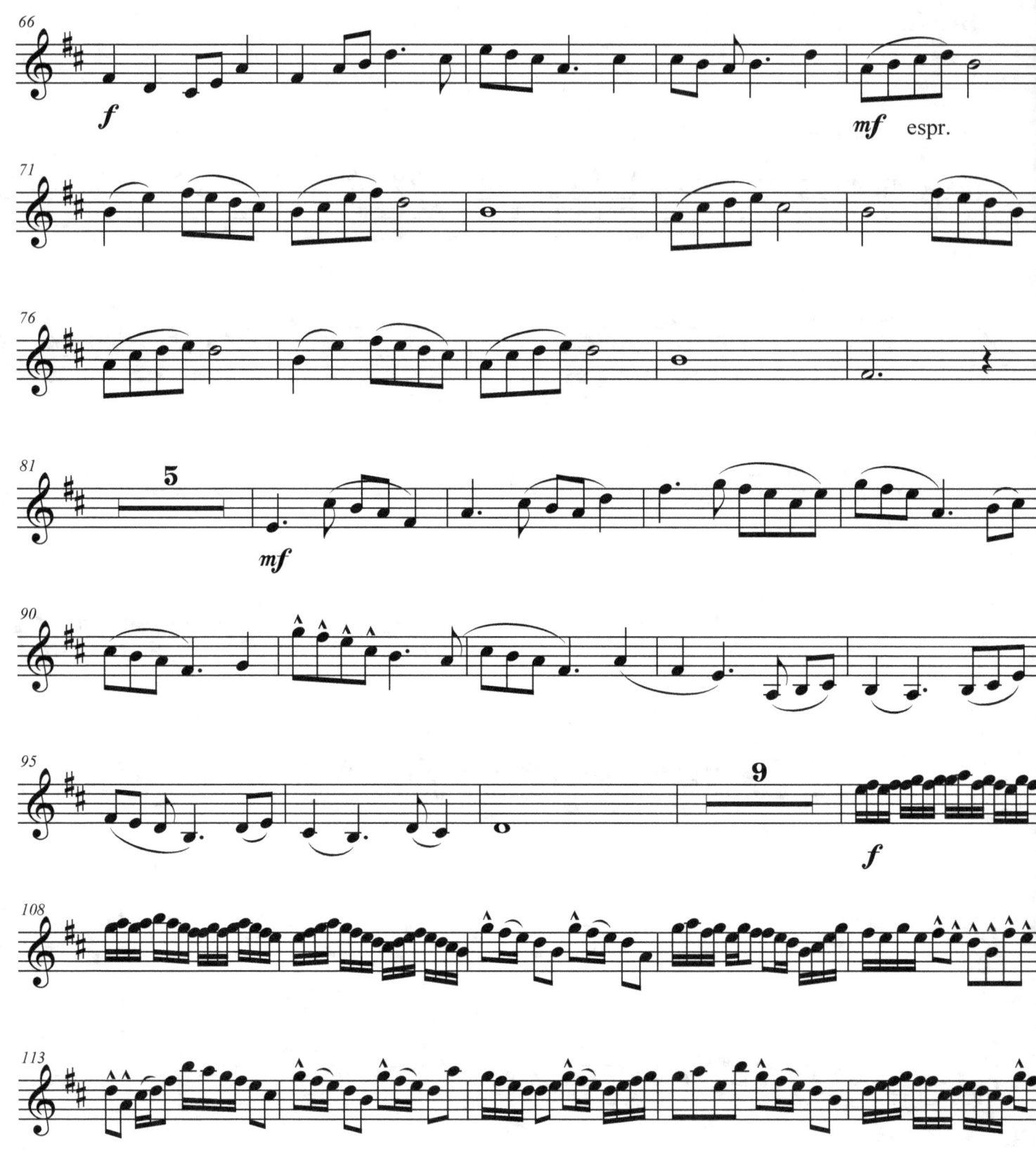

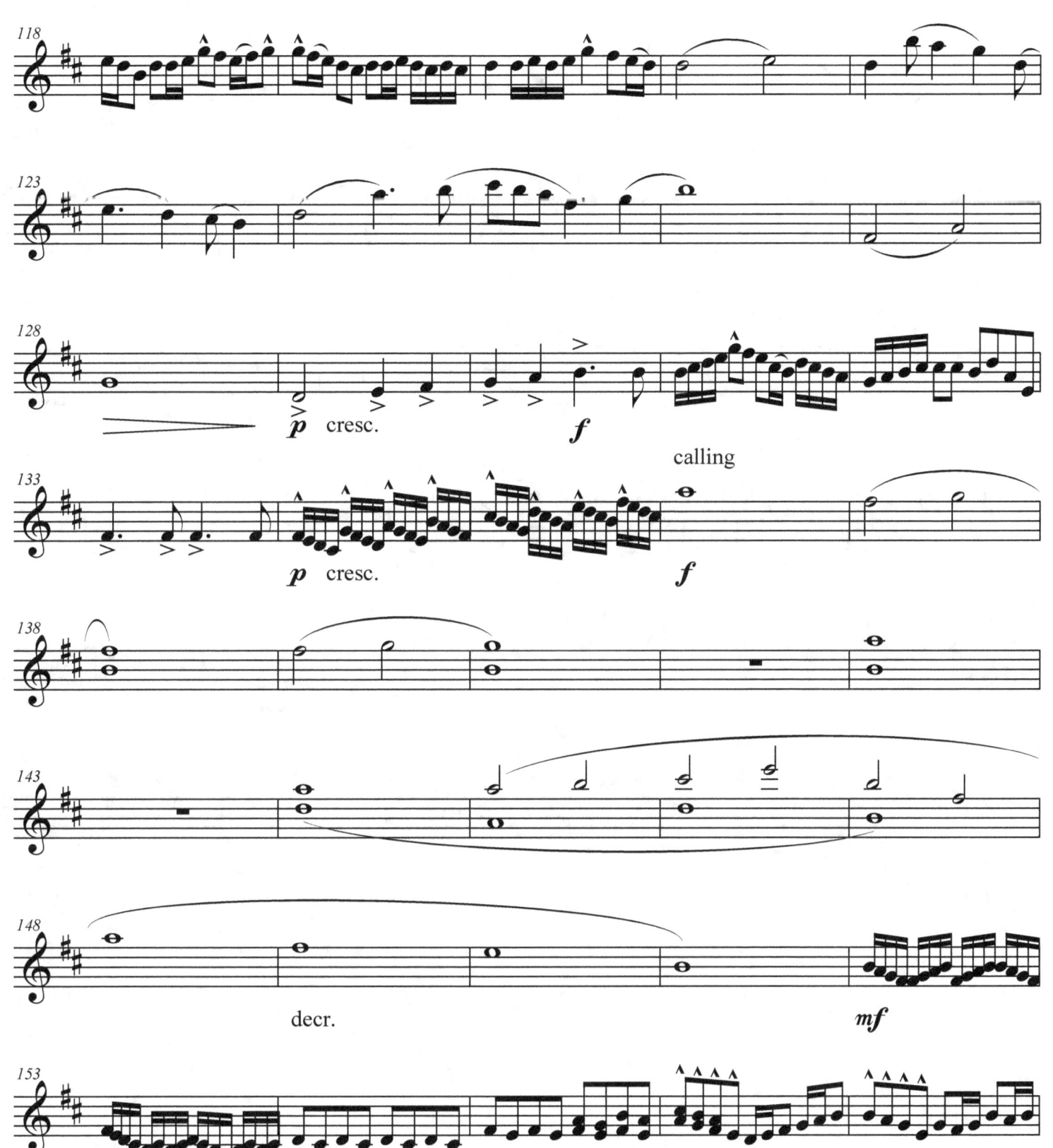

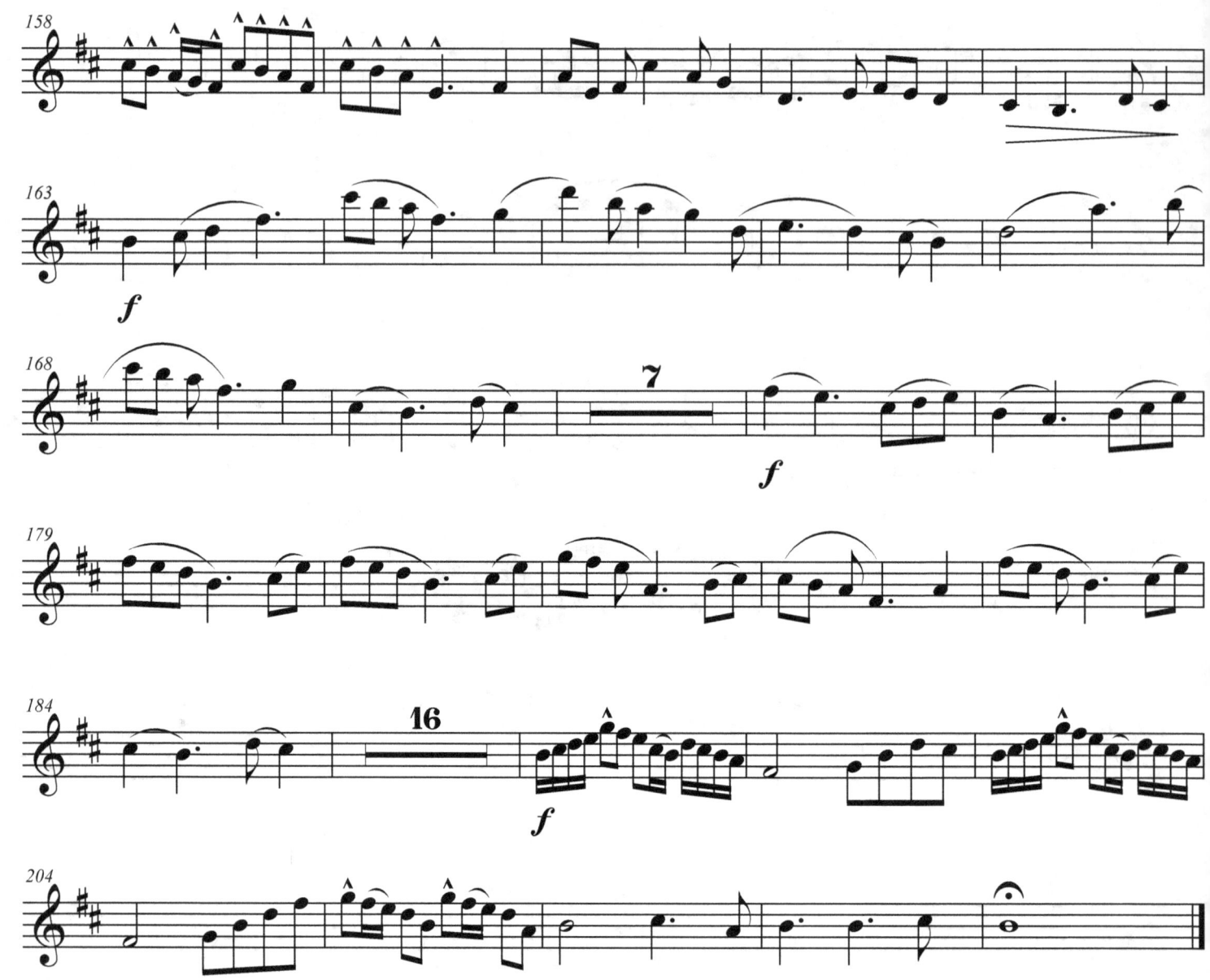

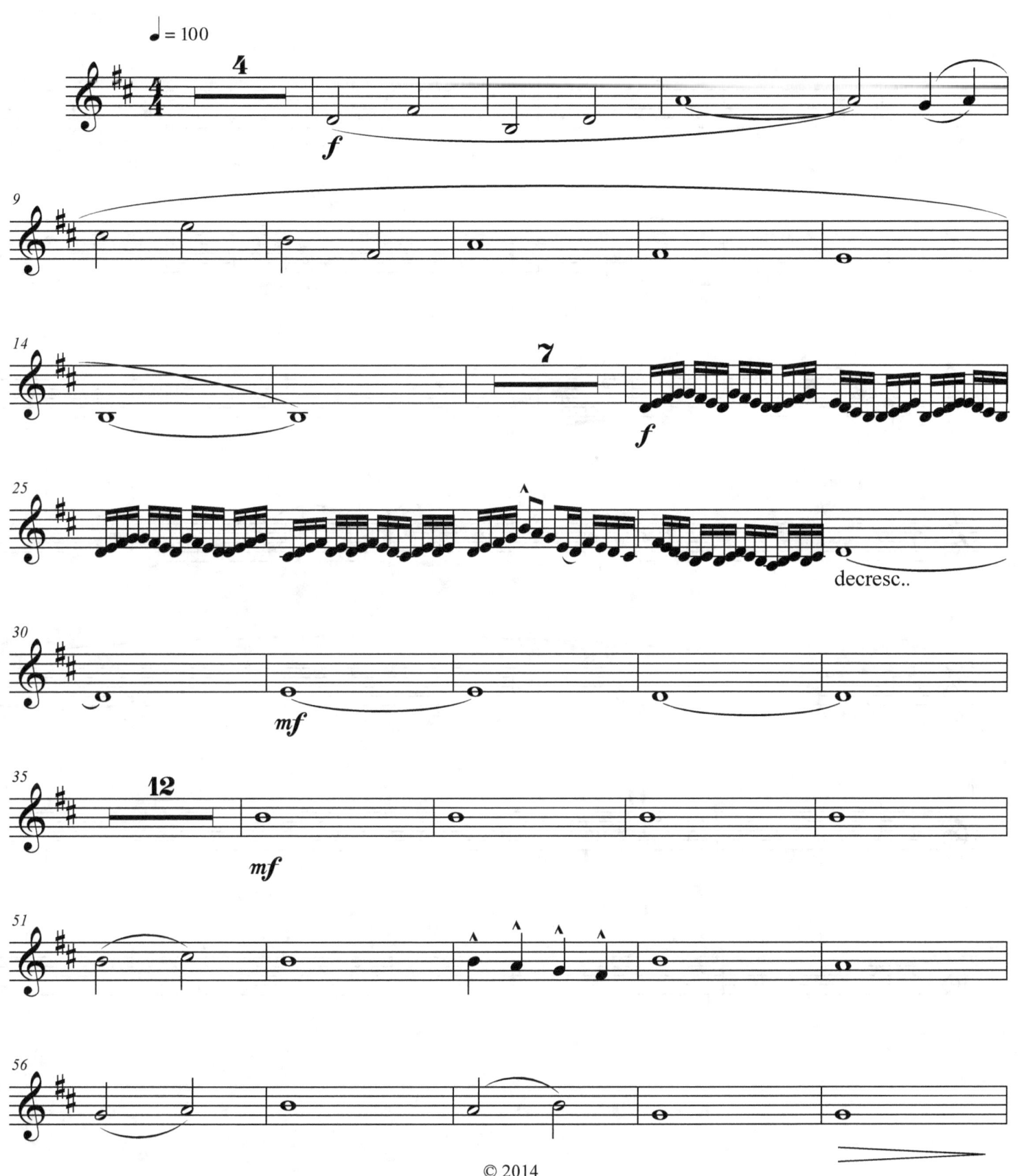

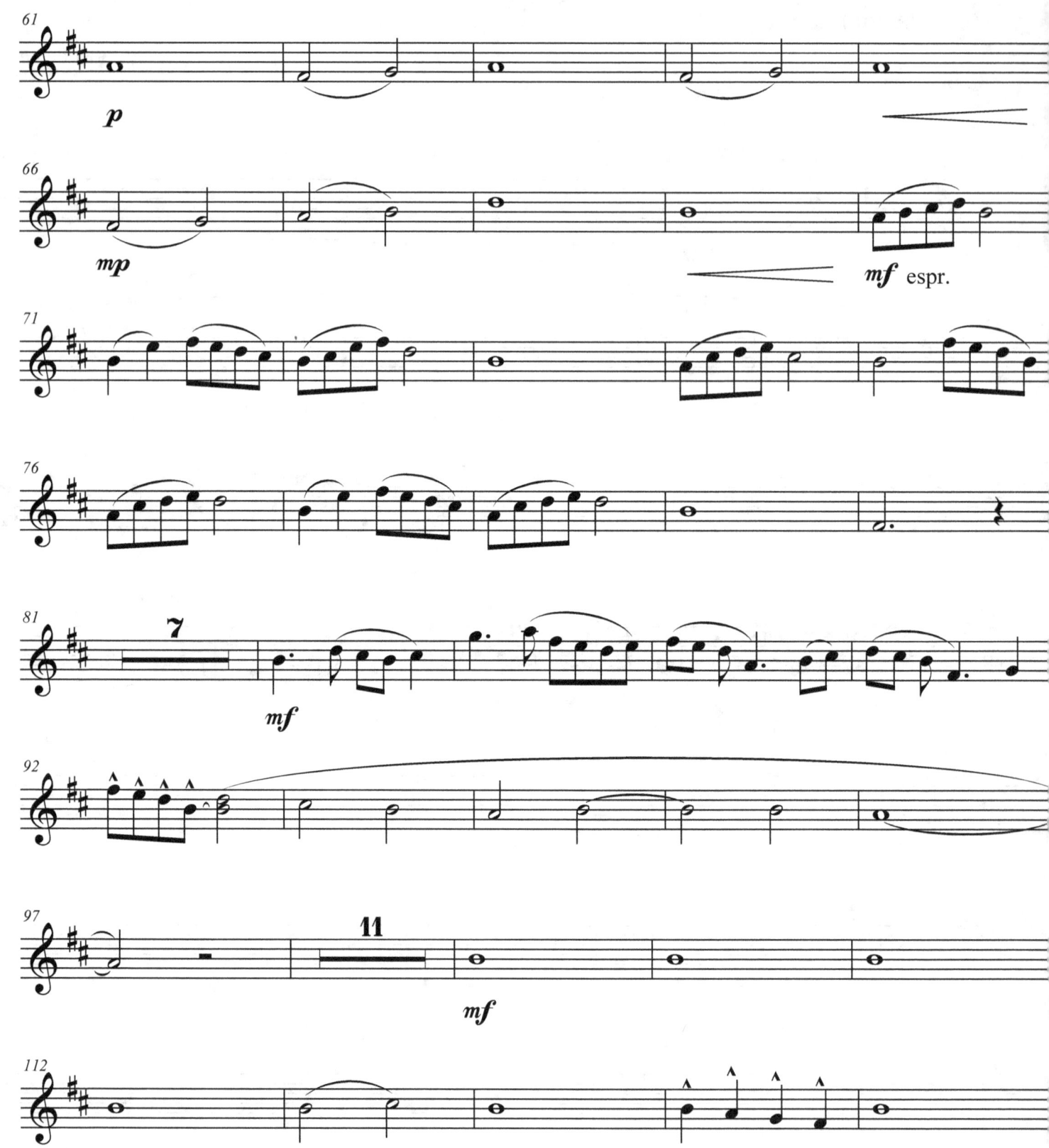

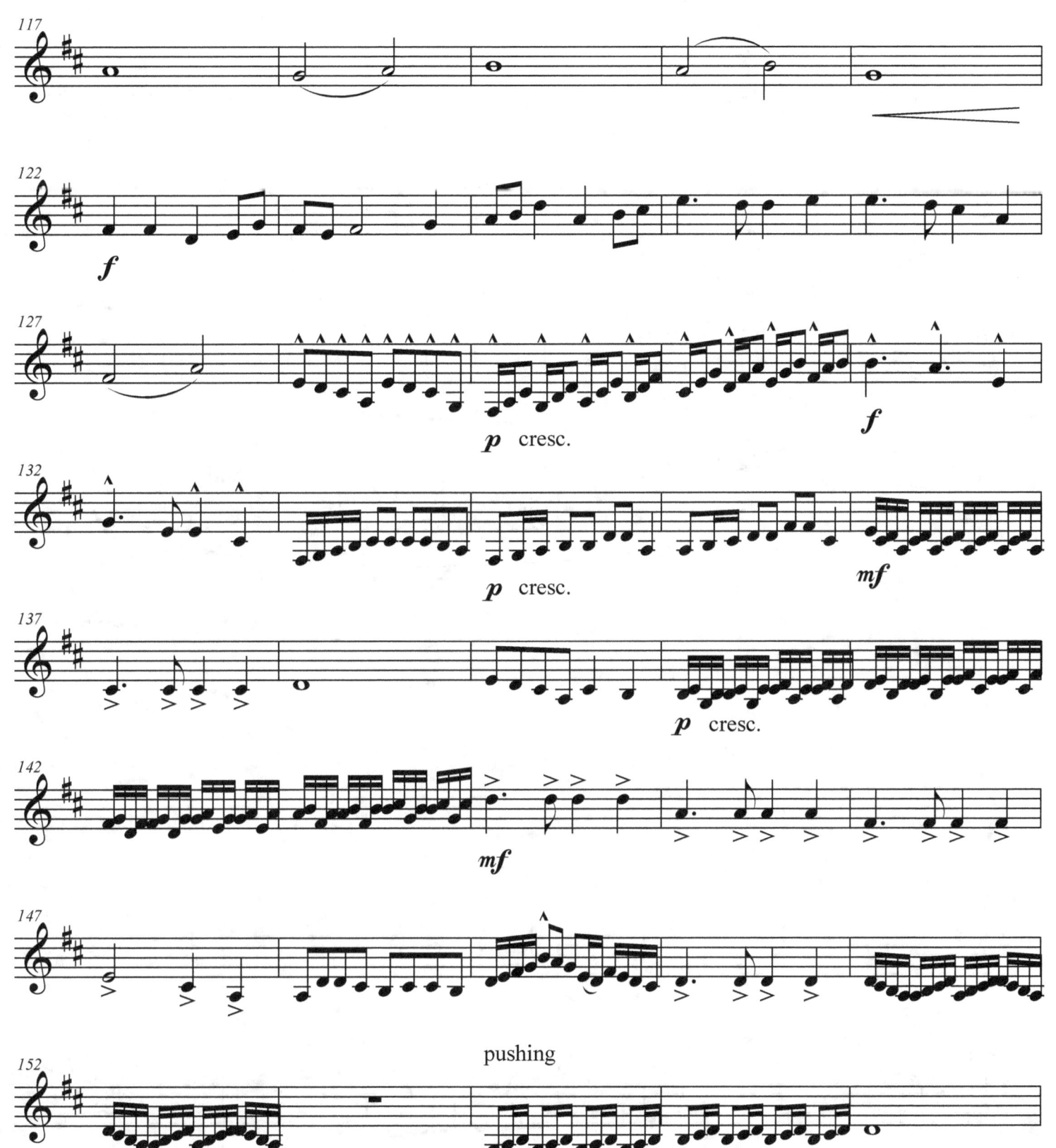

43

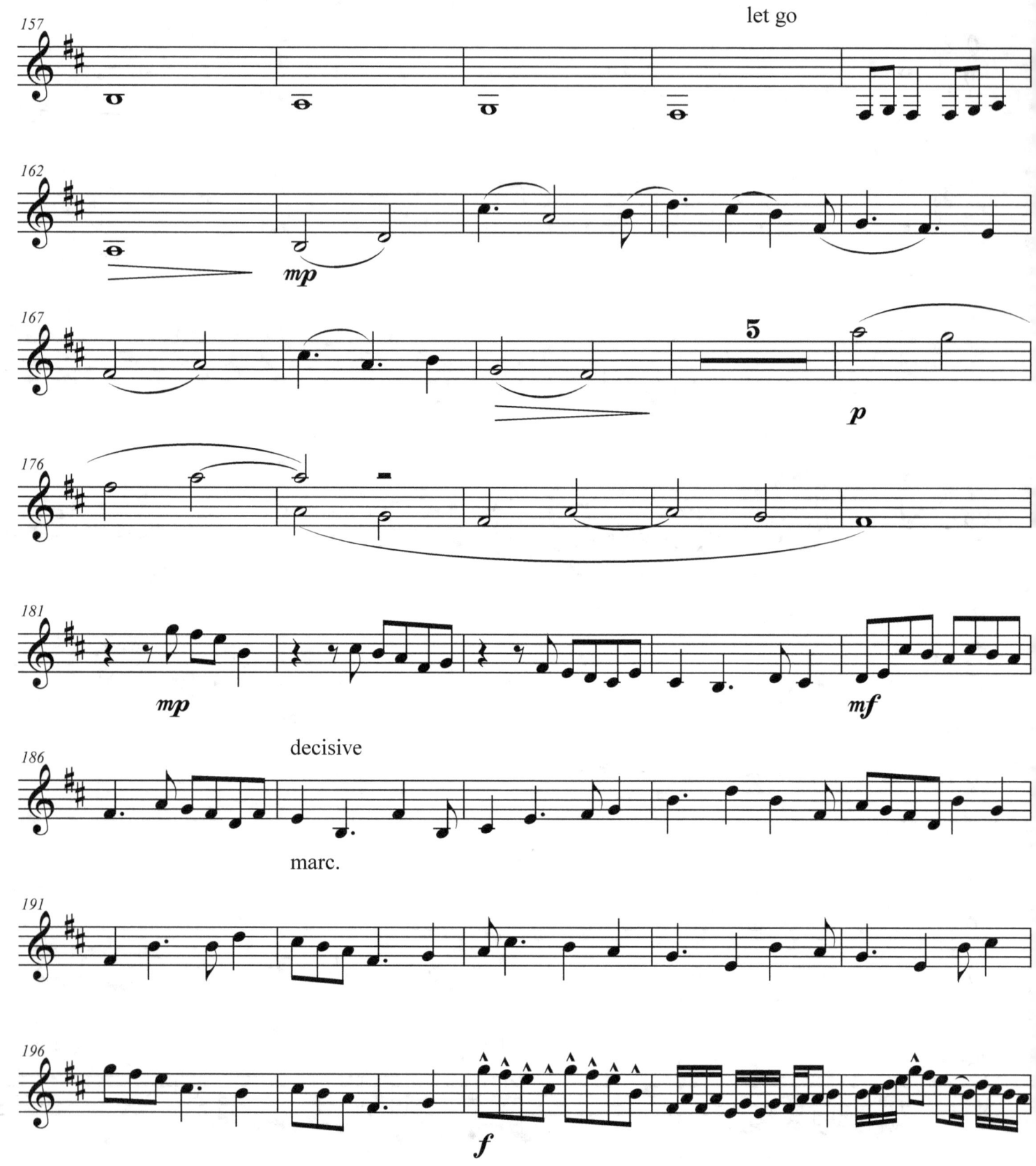

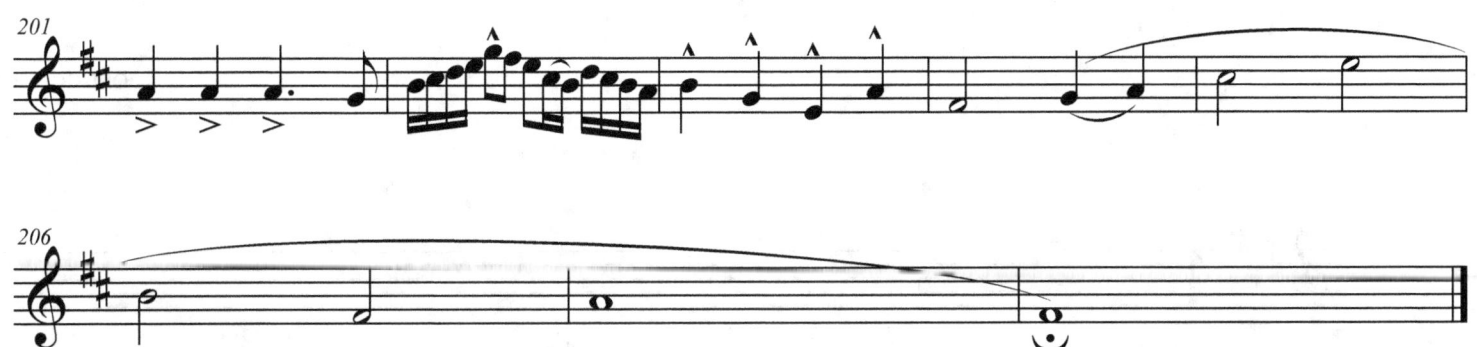

S sym 1

Es Alto Clarinet

Joost de Groot

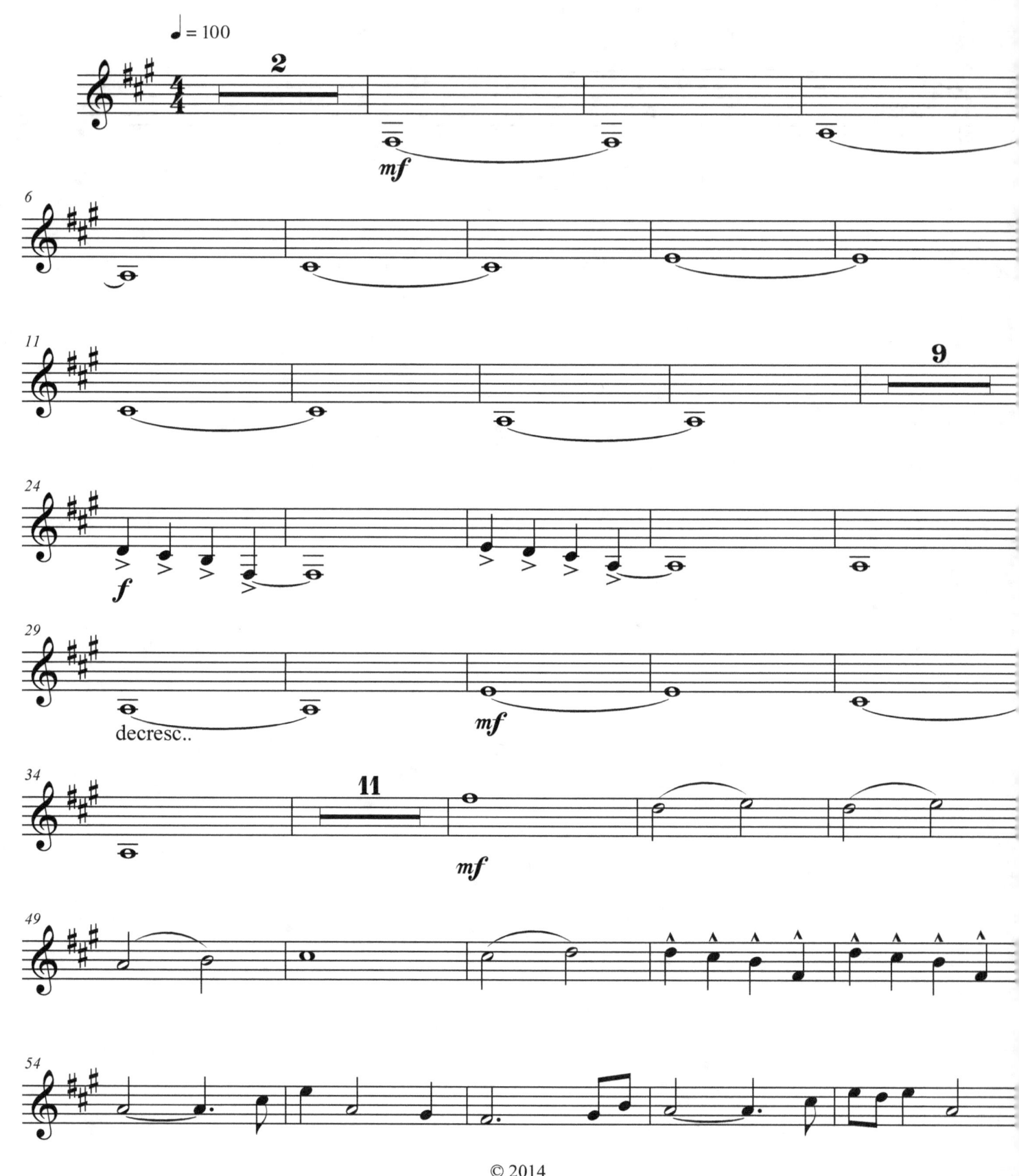

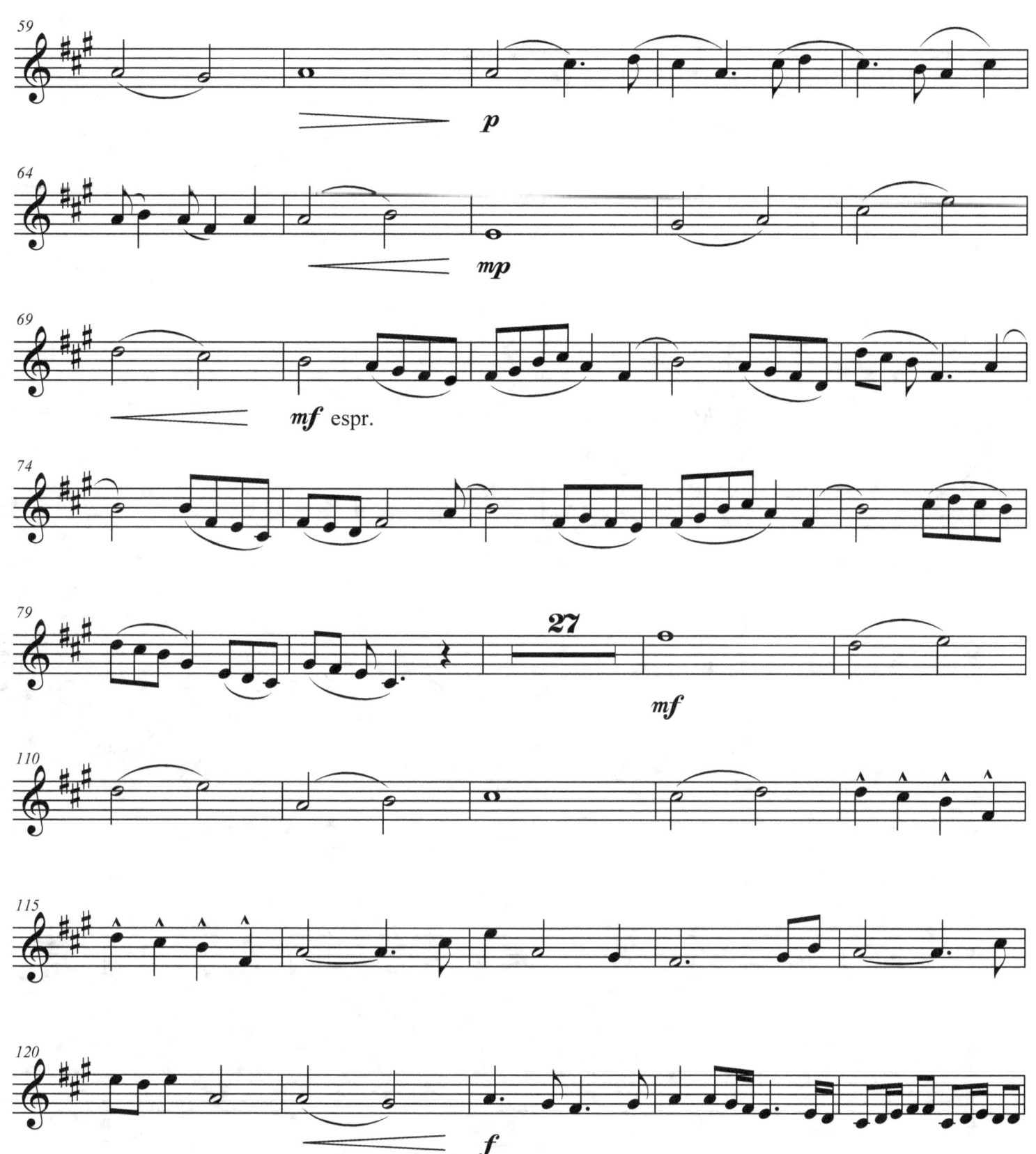

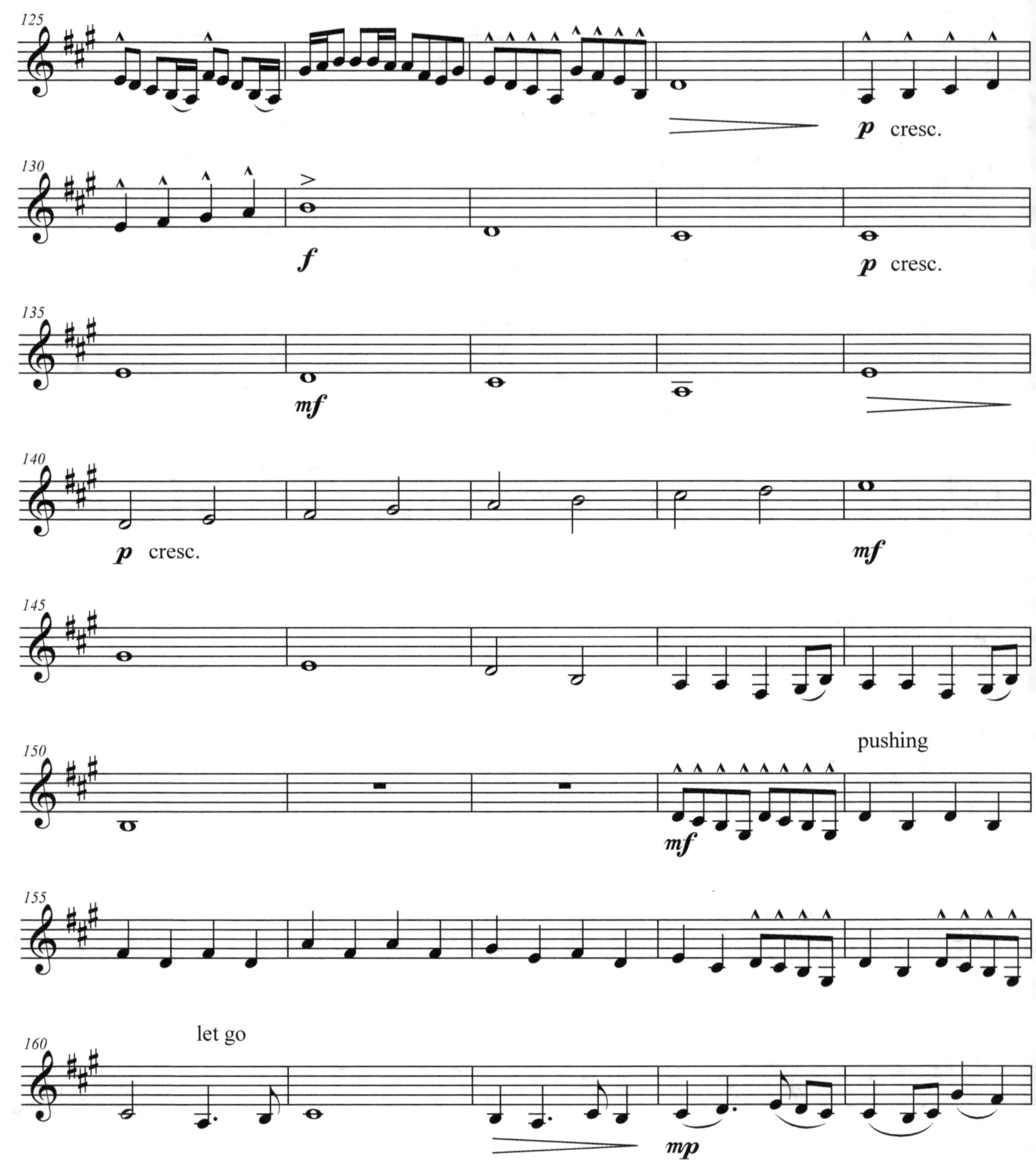

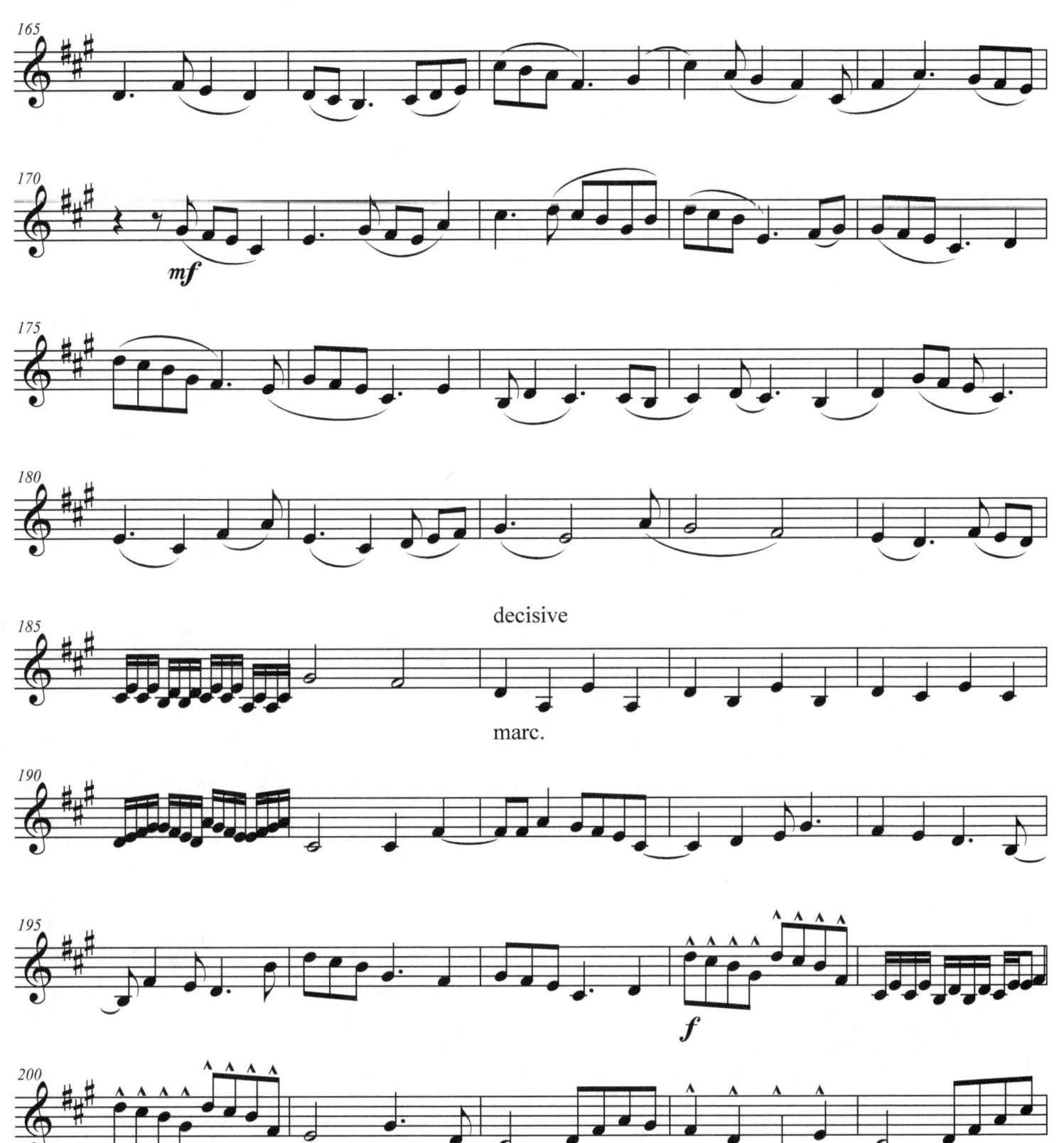

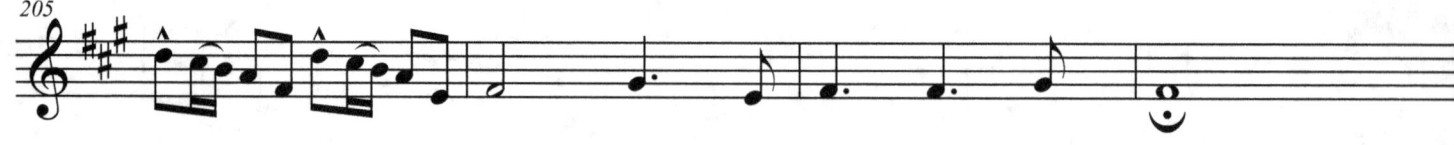

S sym 1

Bes Bass Clarinet

Joost de Groot

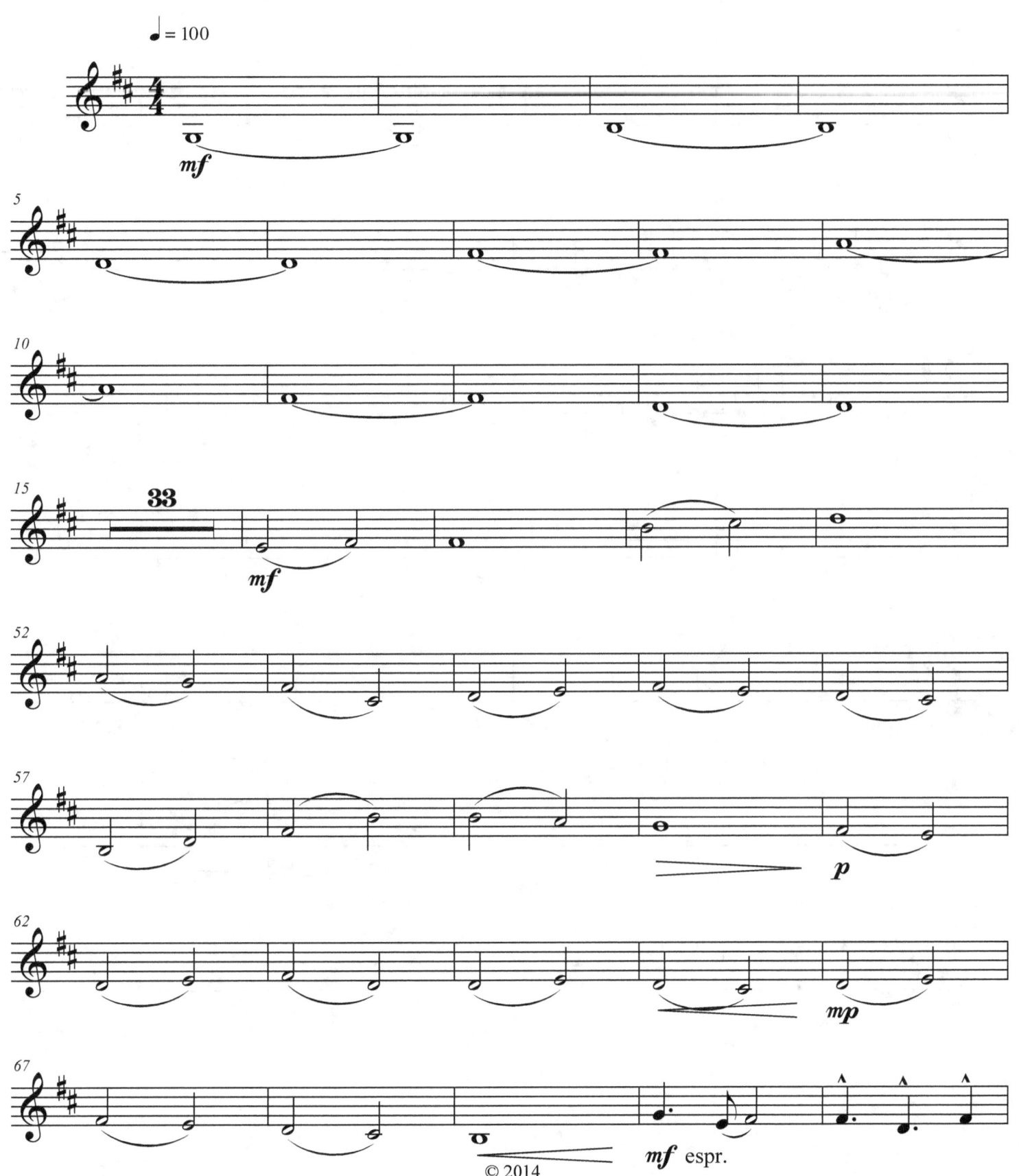

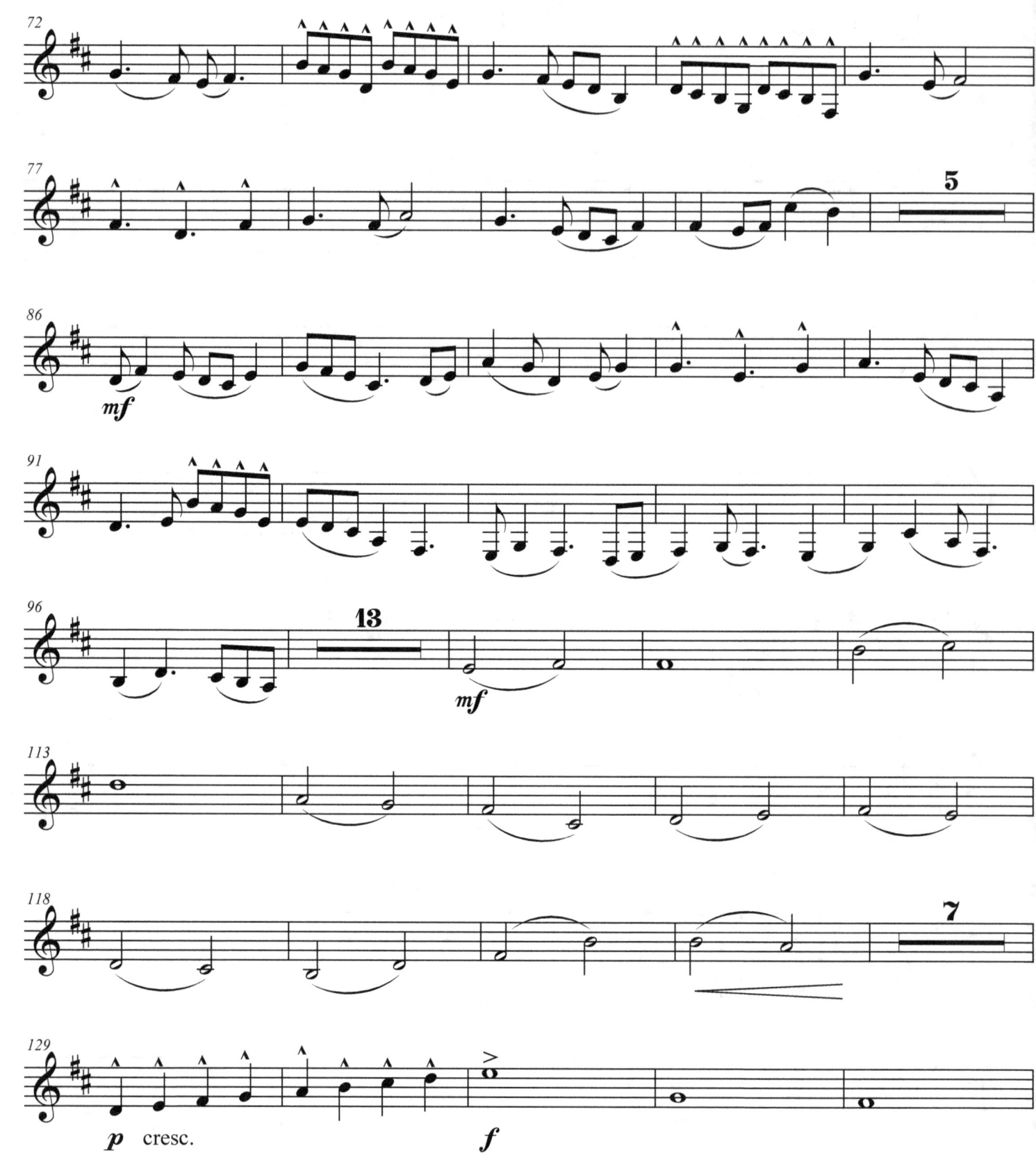

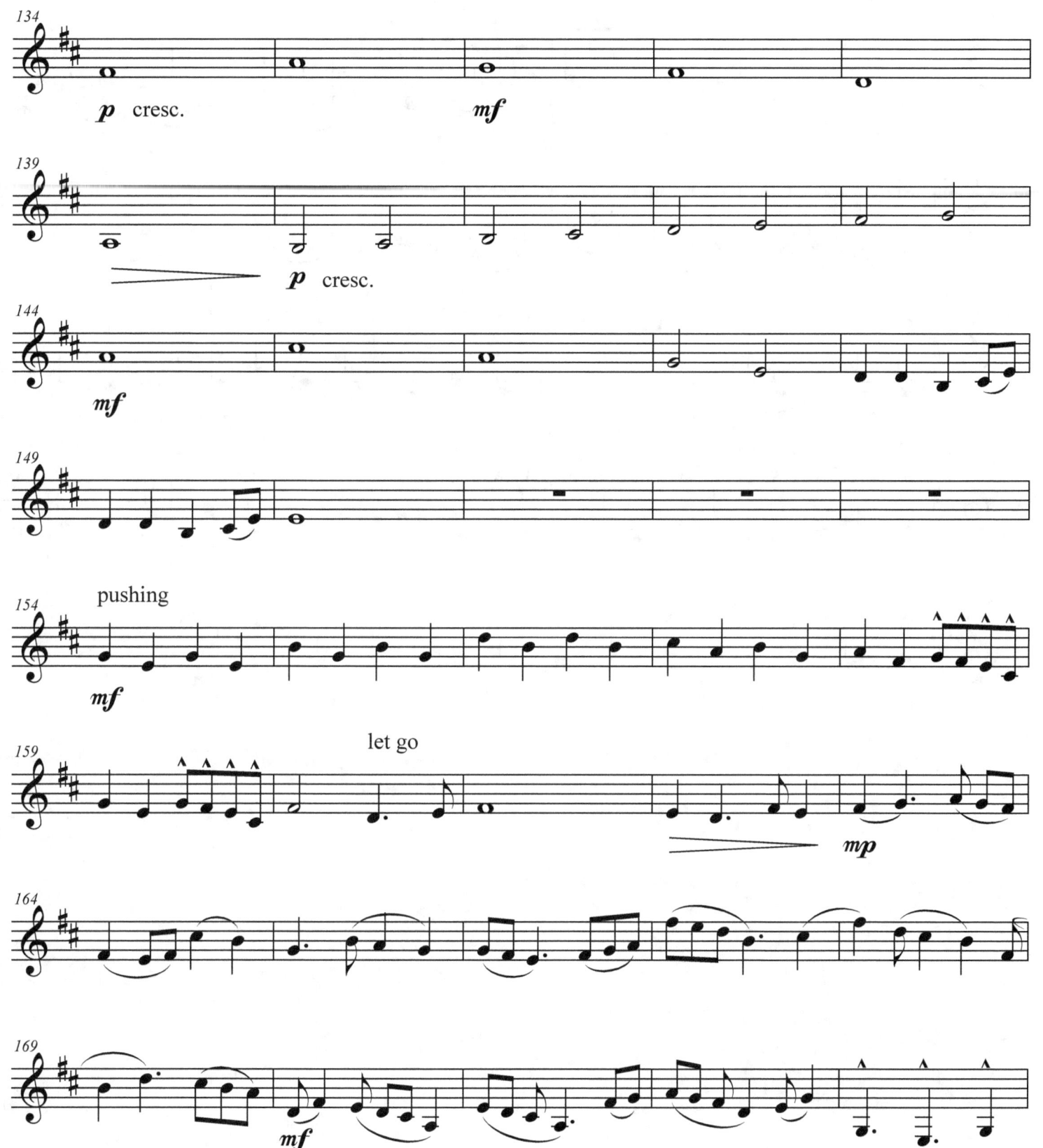

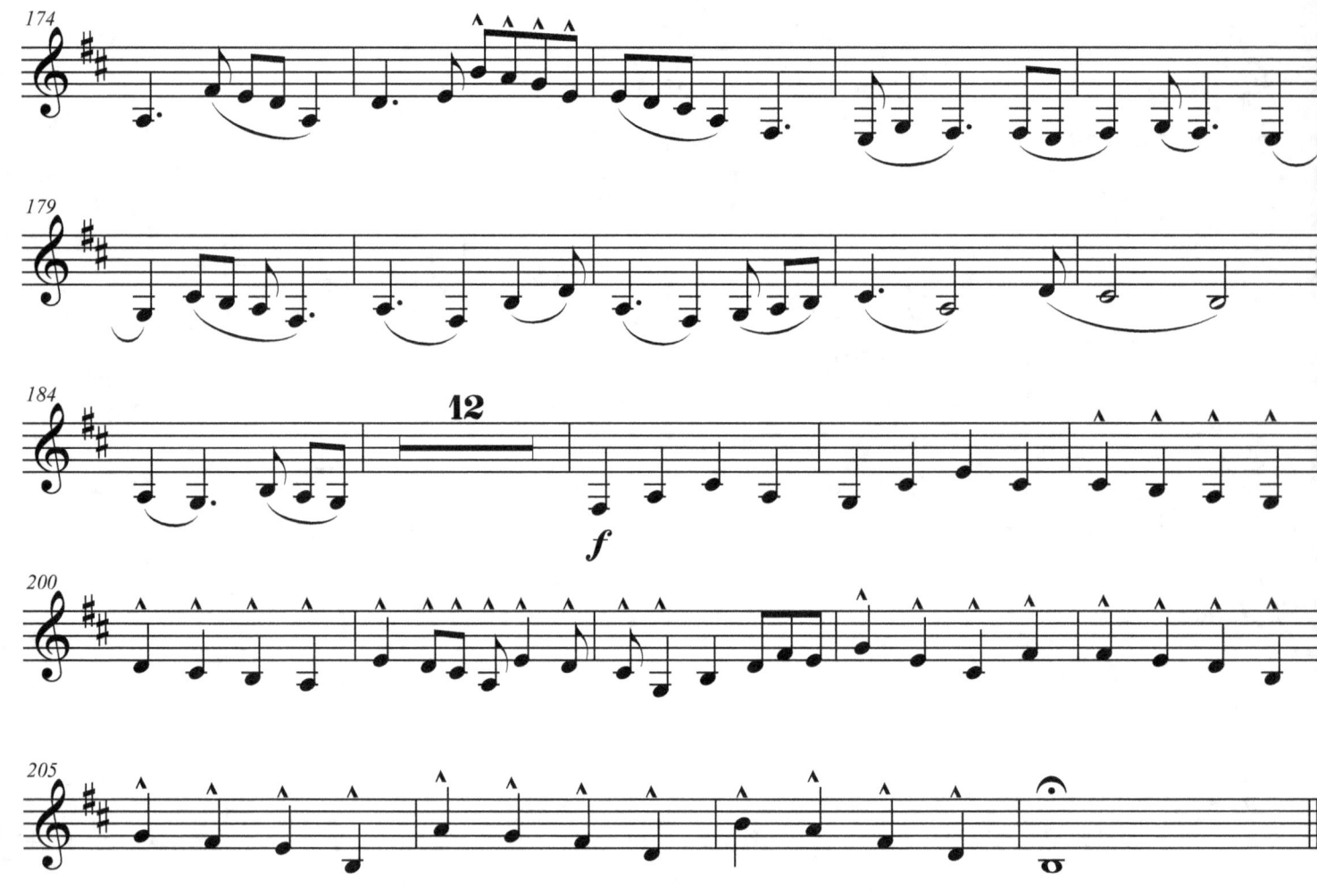

S sym 1

Es Alto Sax.

Joost de Groot

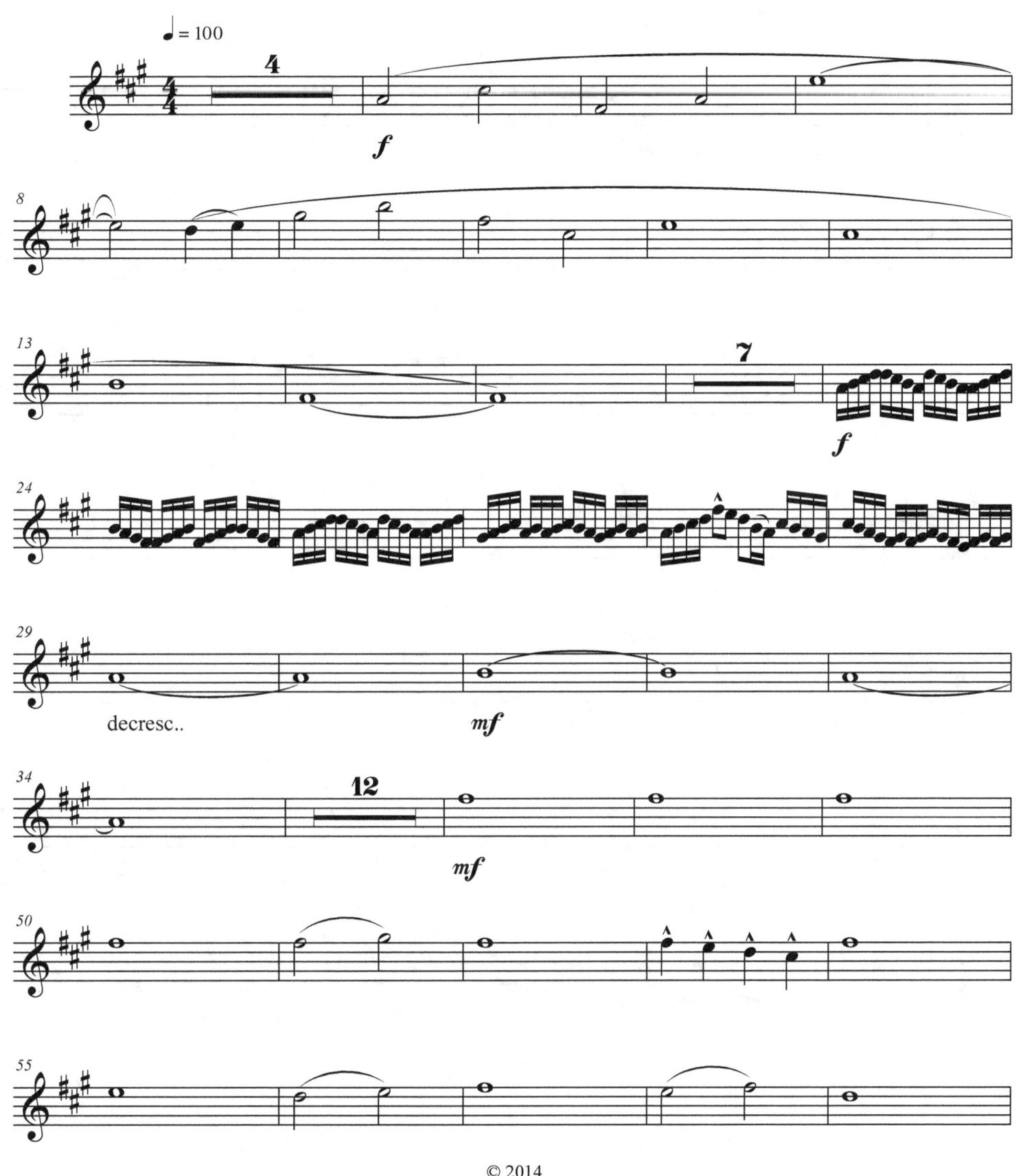

© 2014

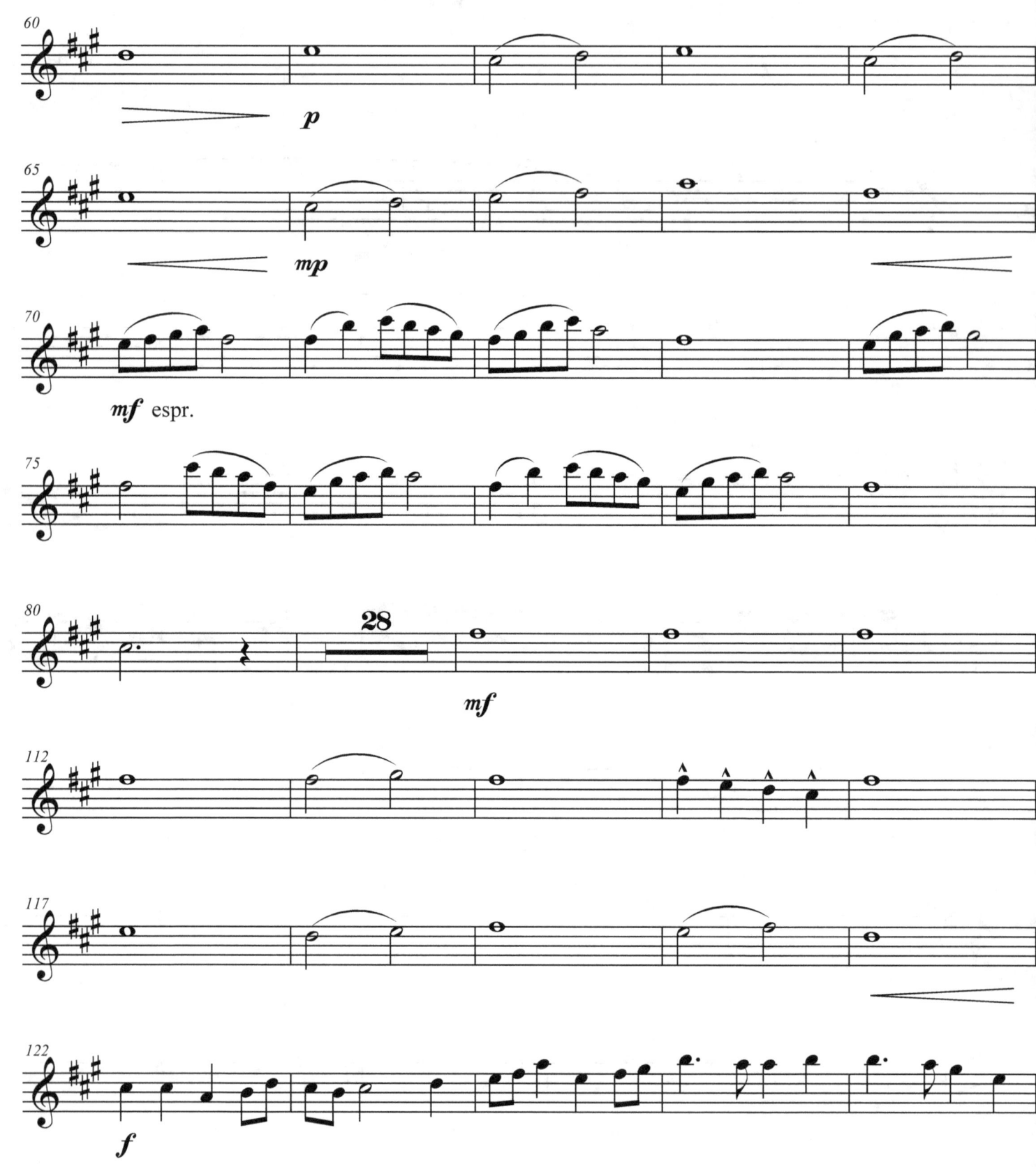

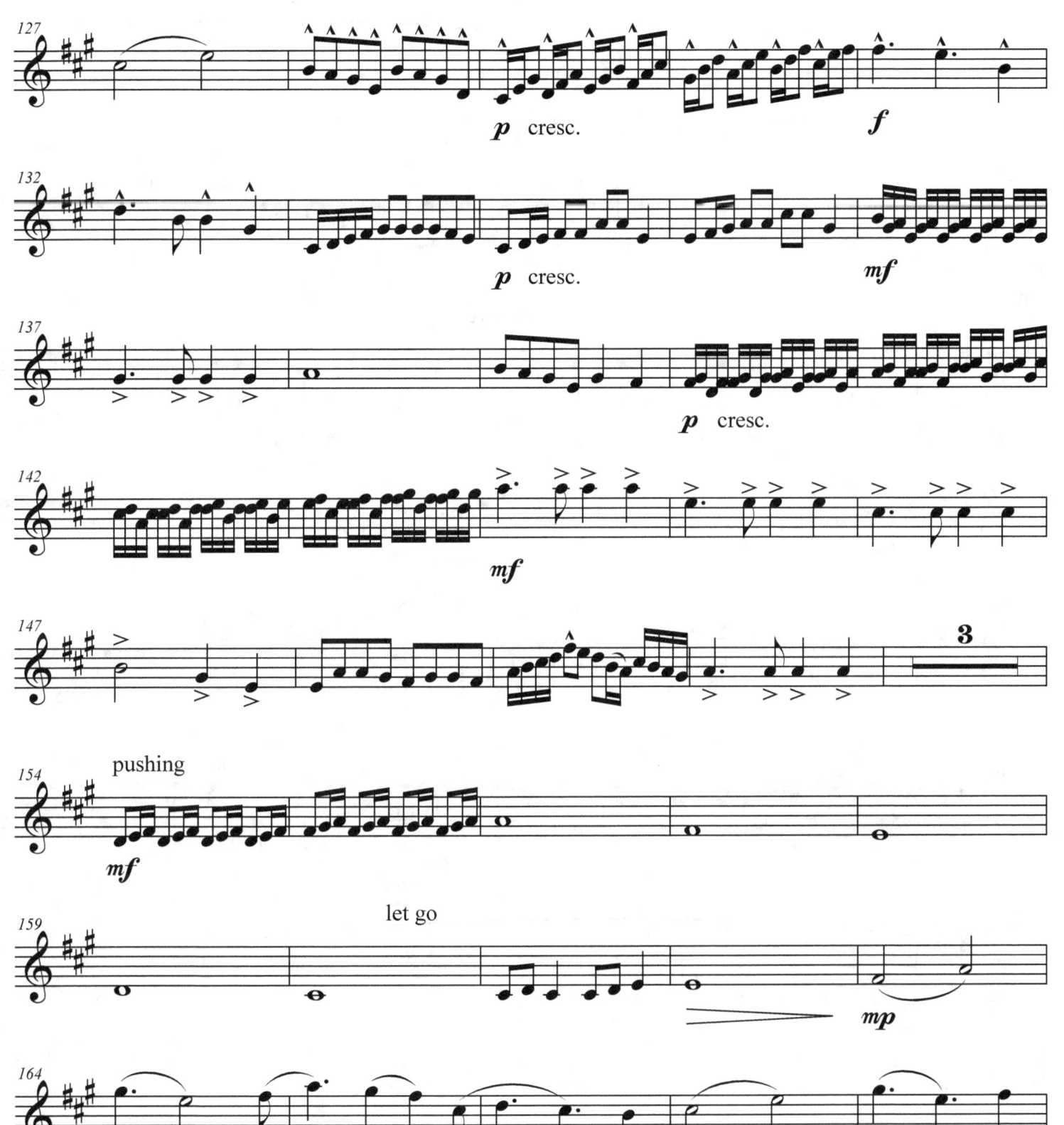

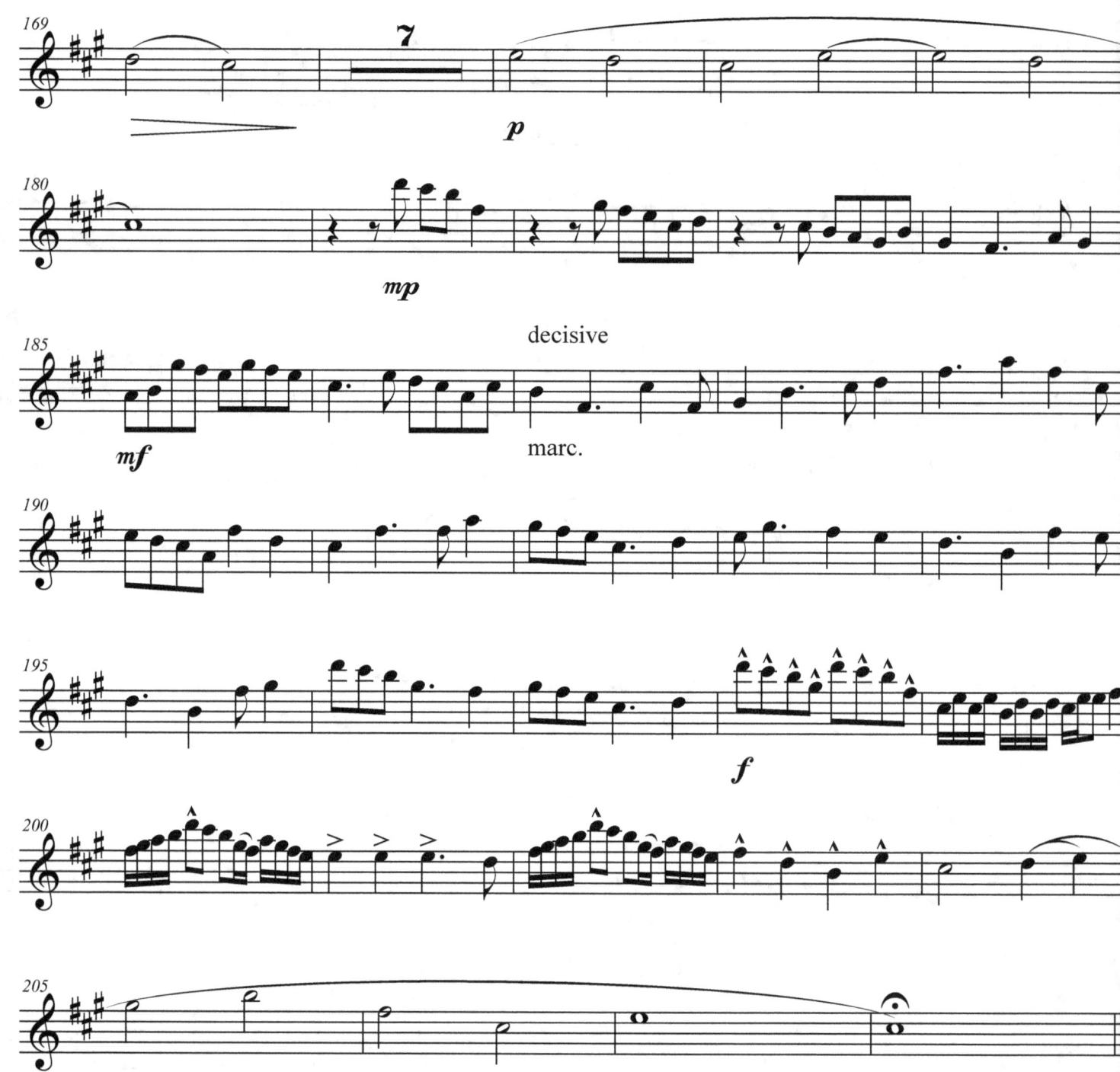

S sym 1

Bes Tenor Sax.

Joost de Groot

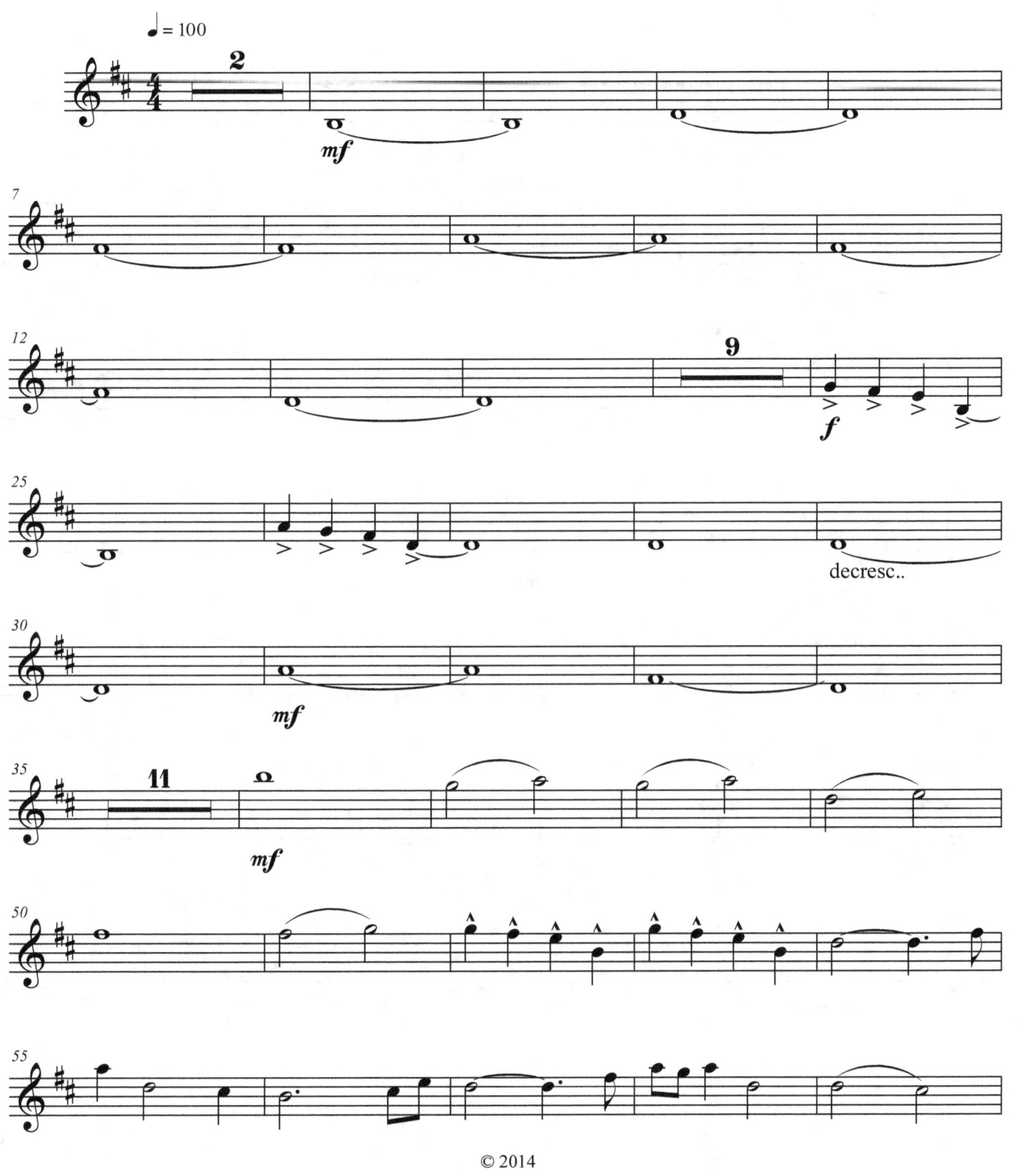

© 2014

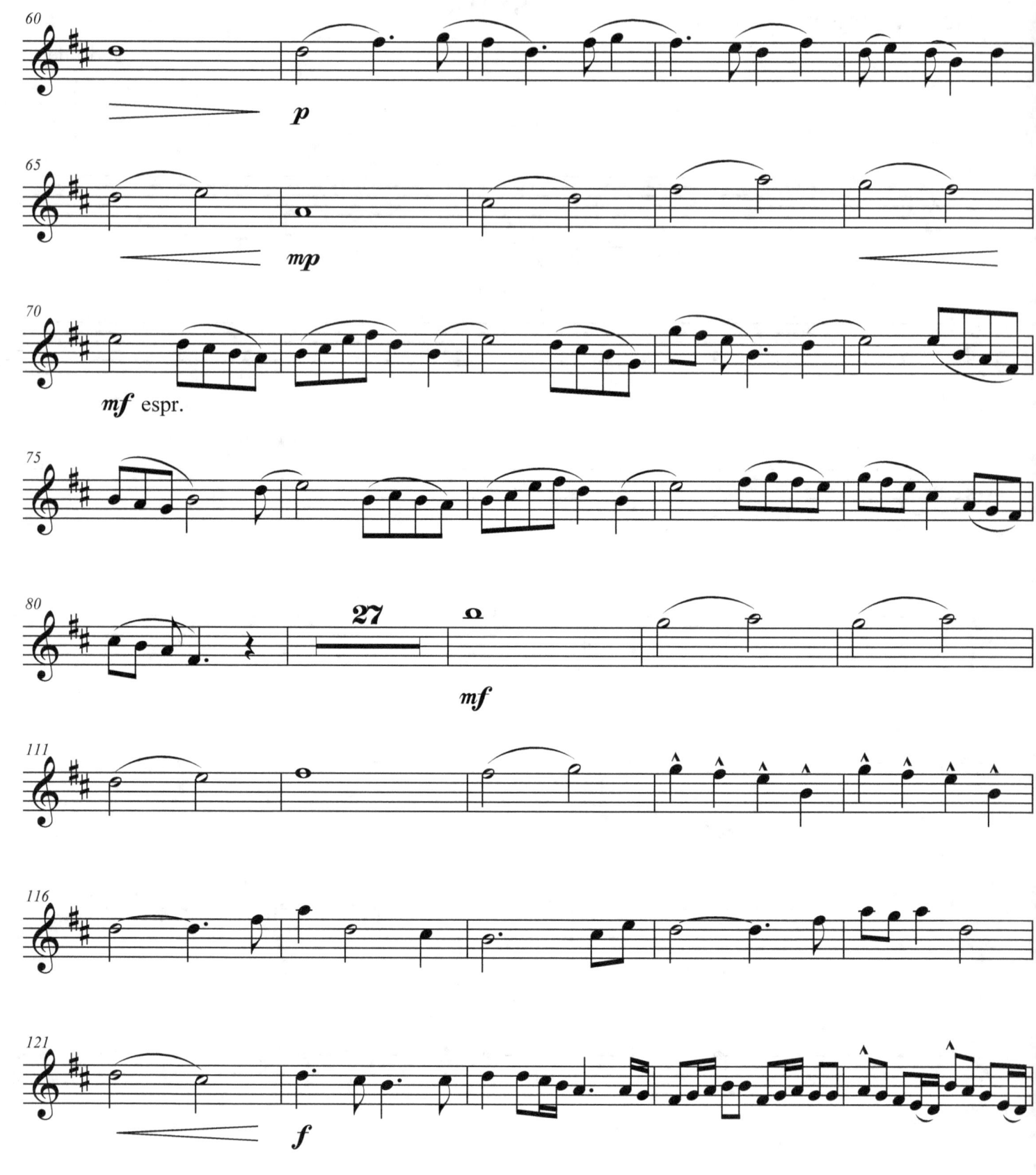

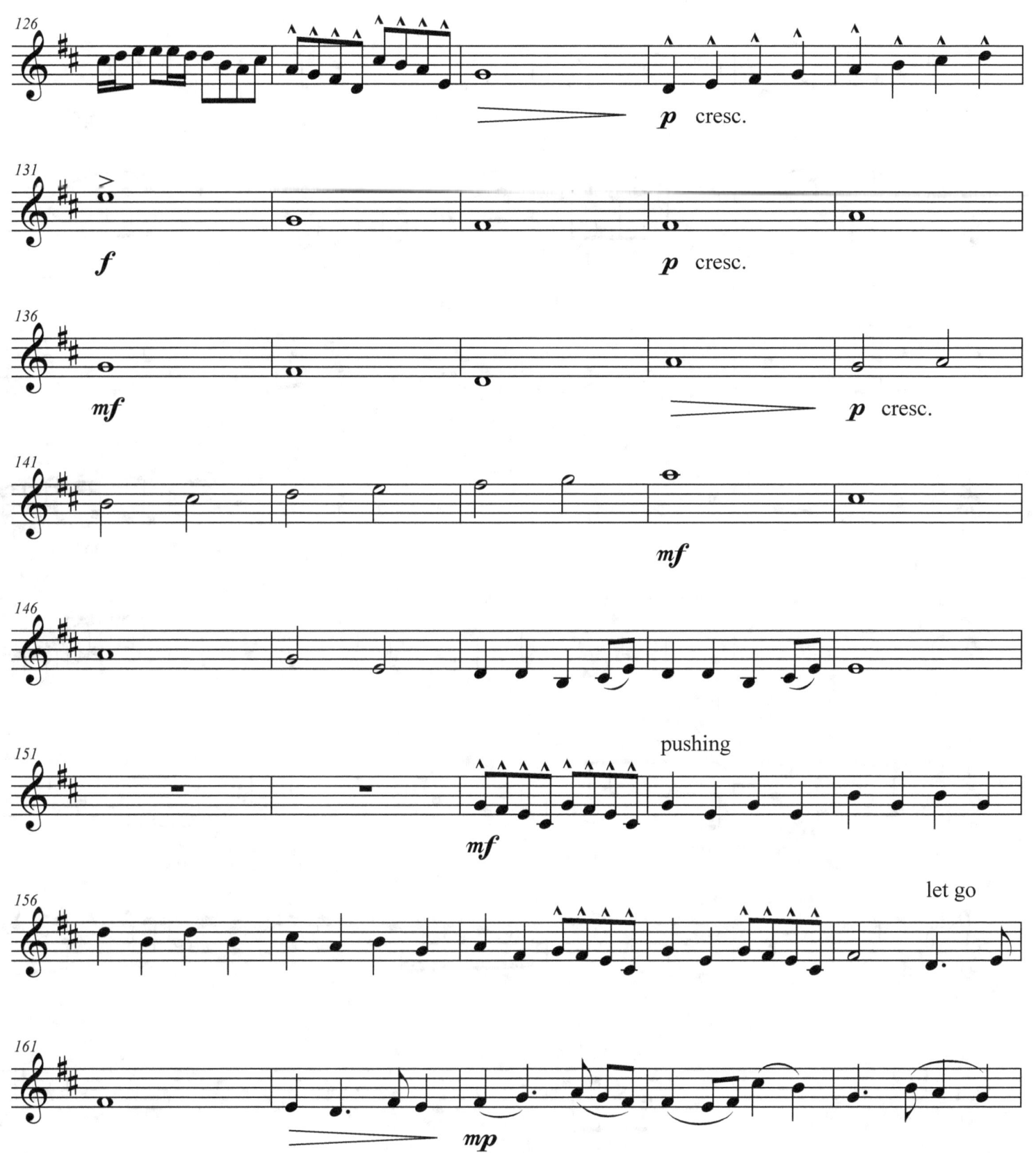

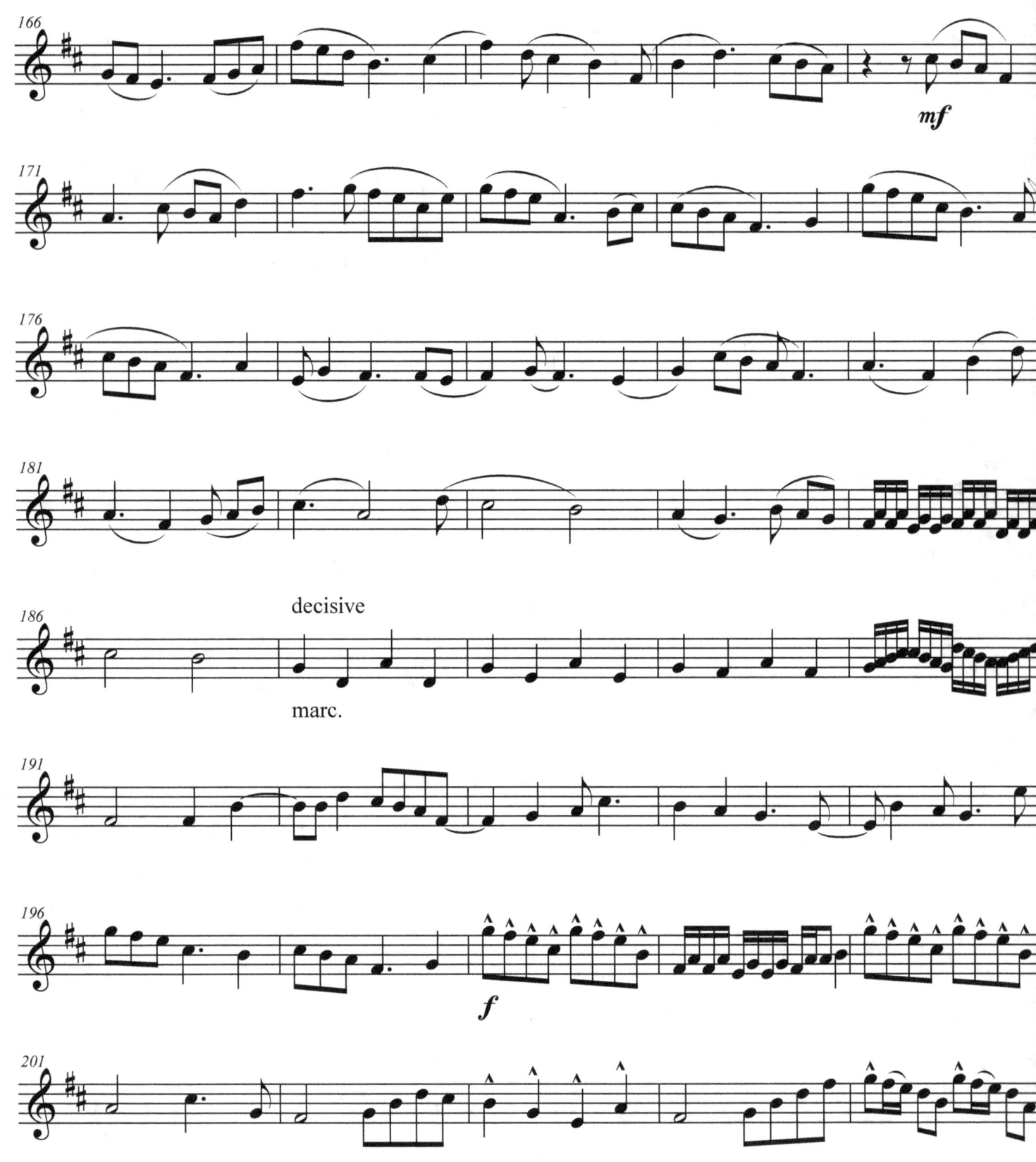

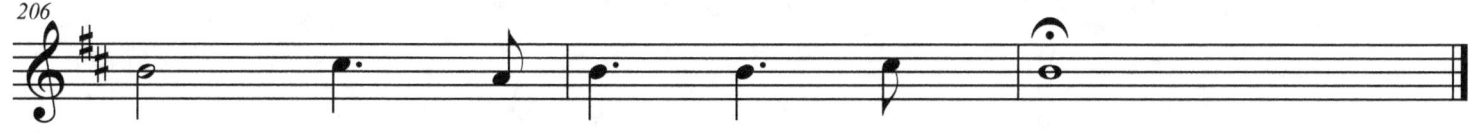

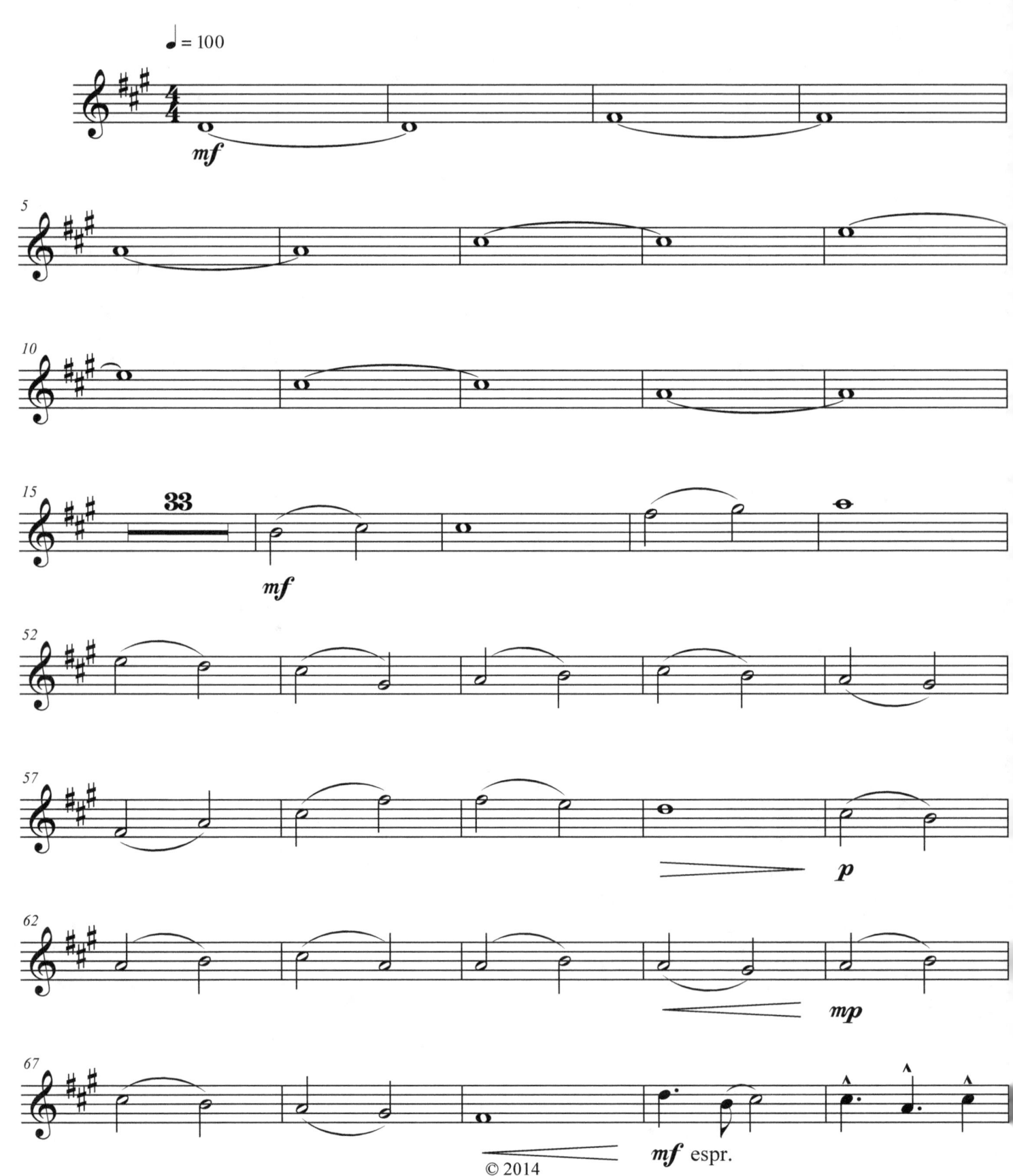

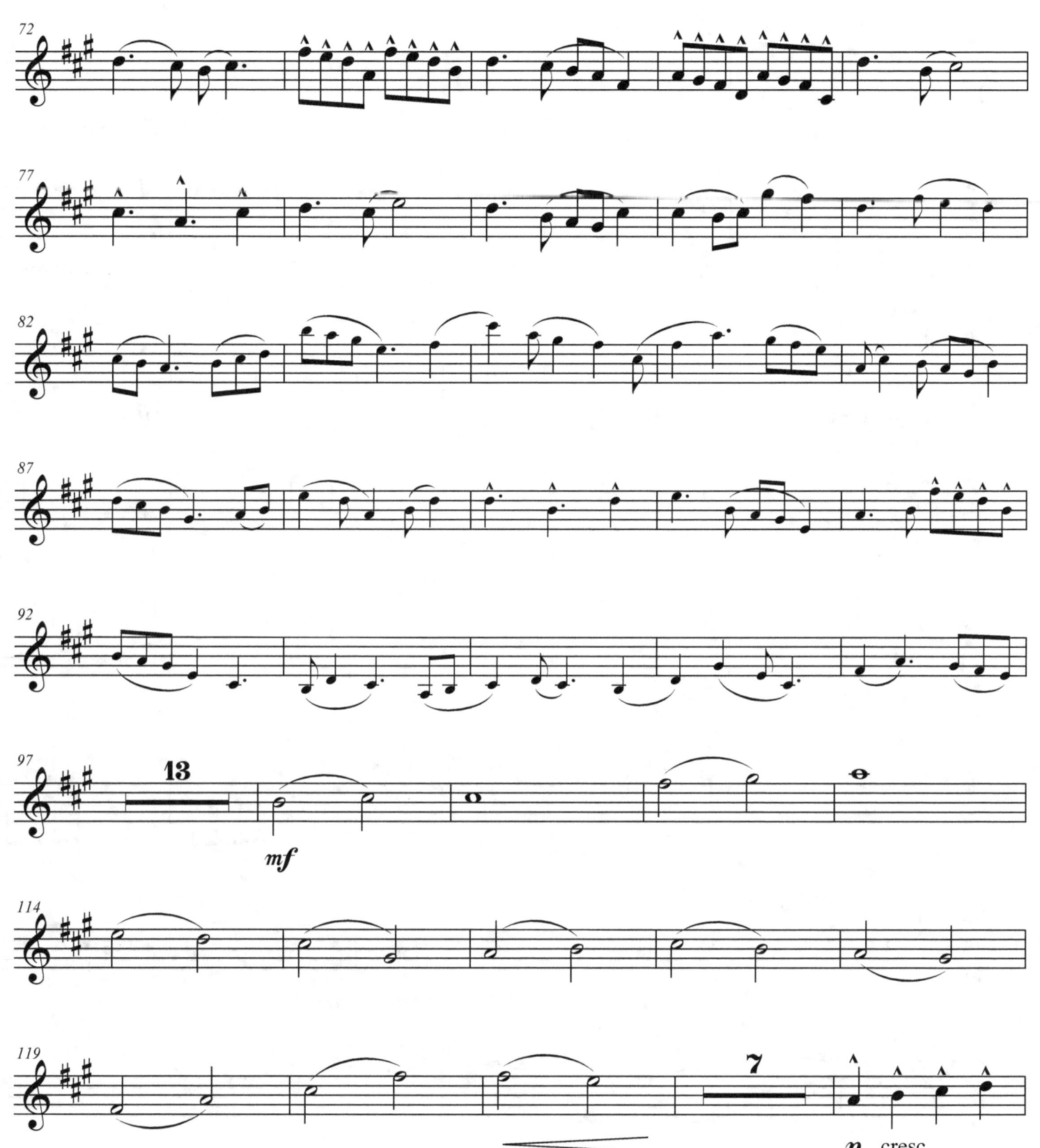

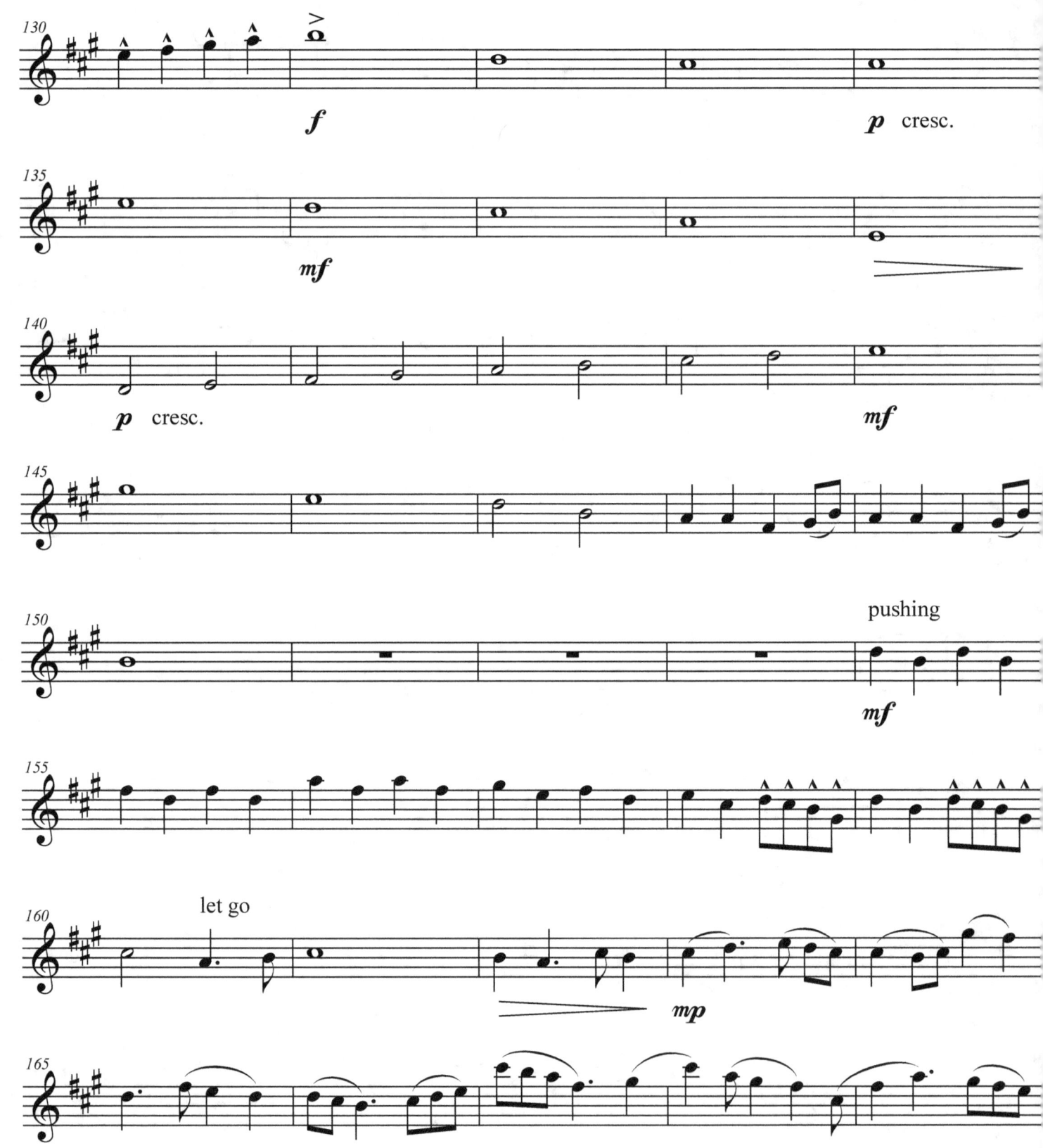

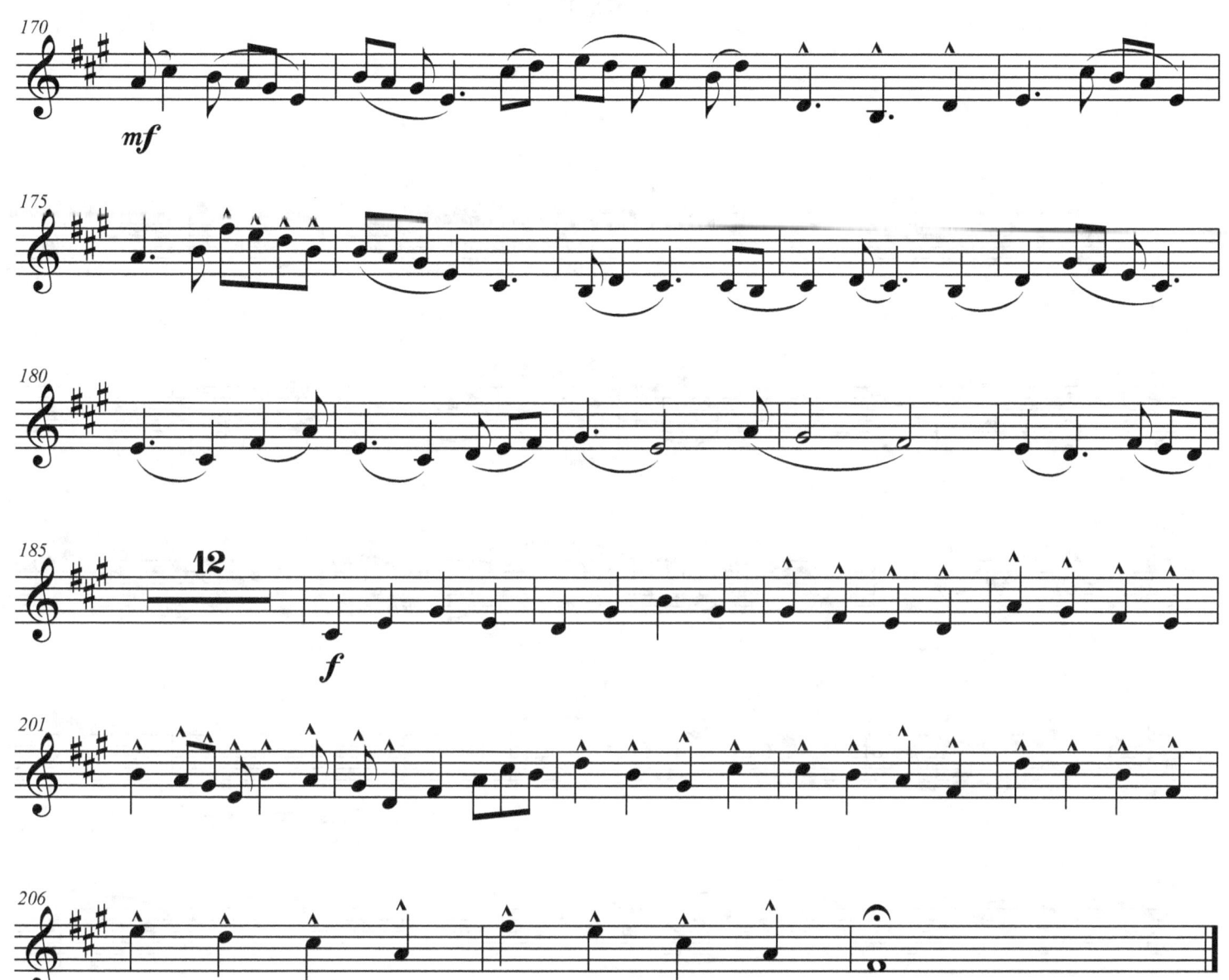

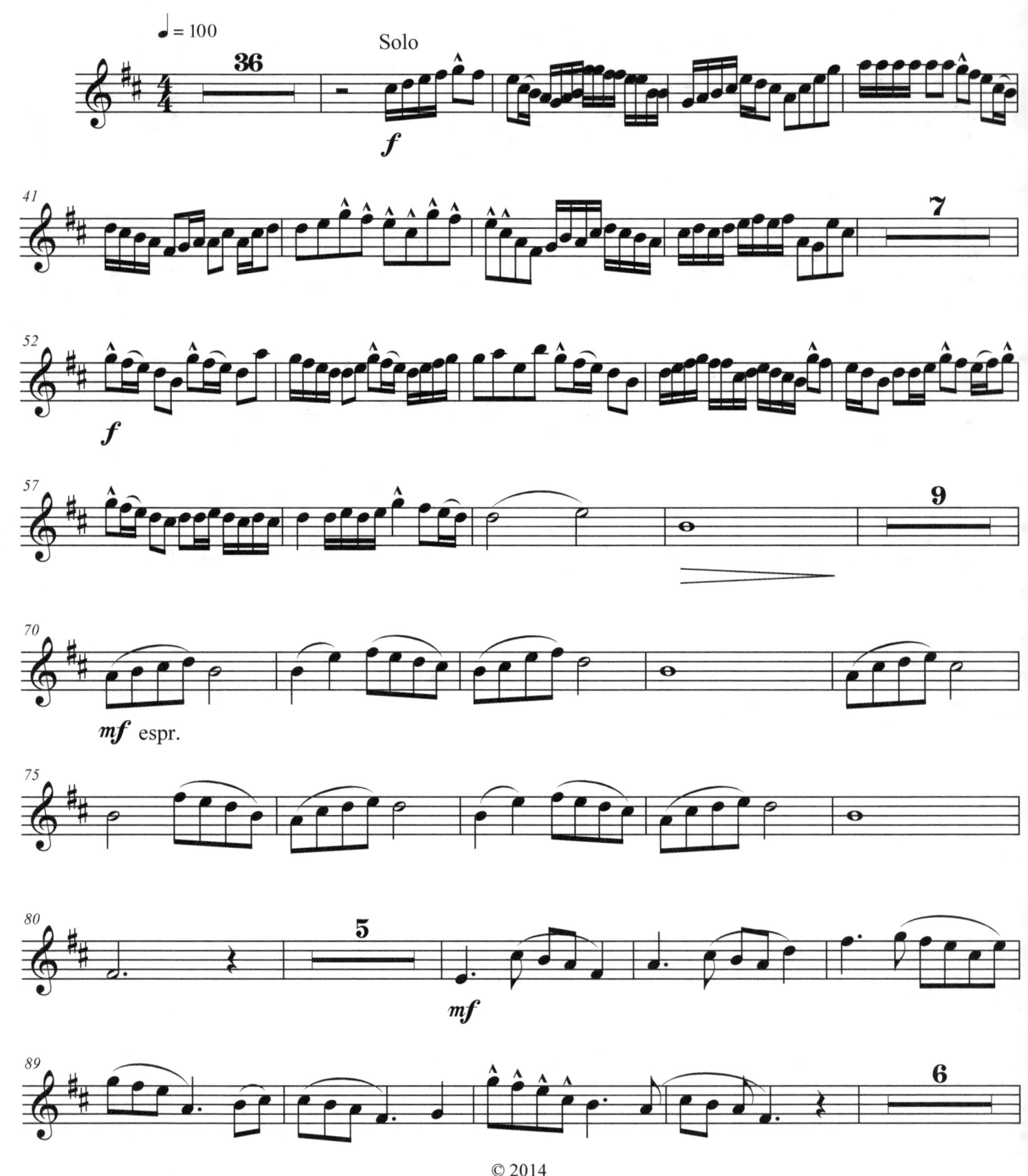

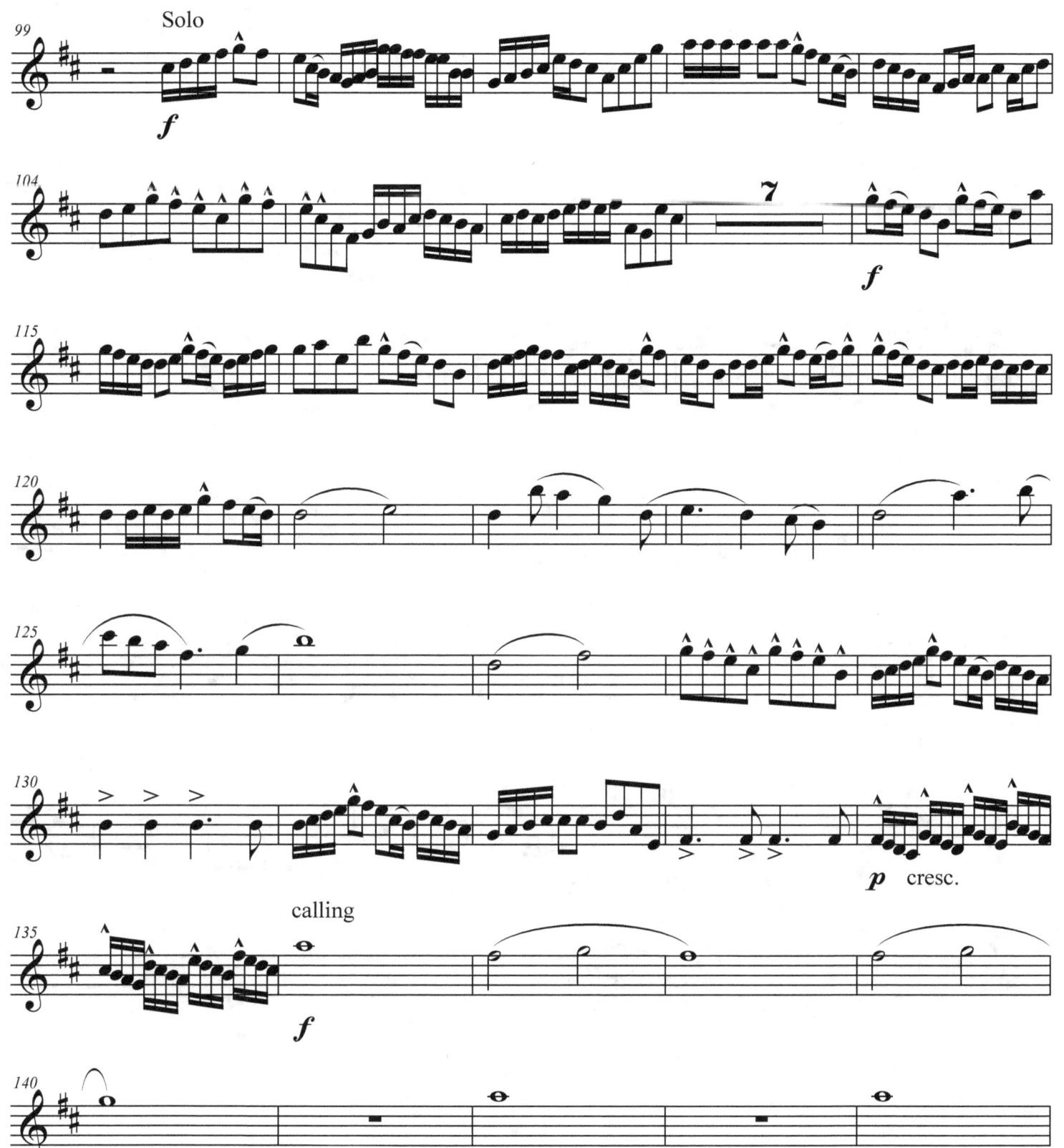

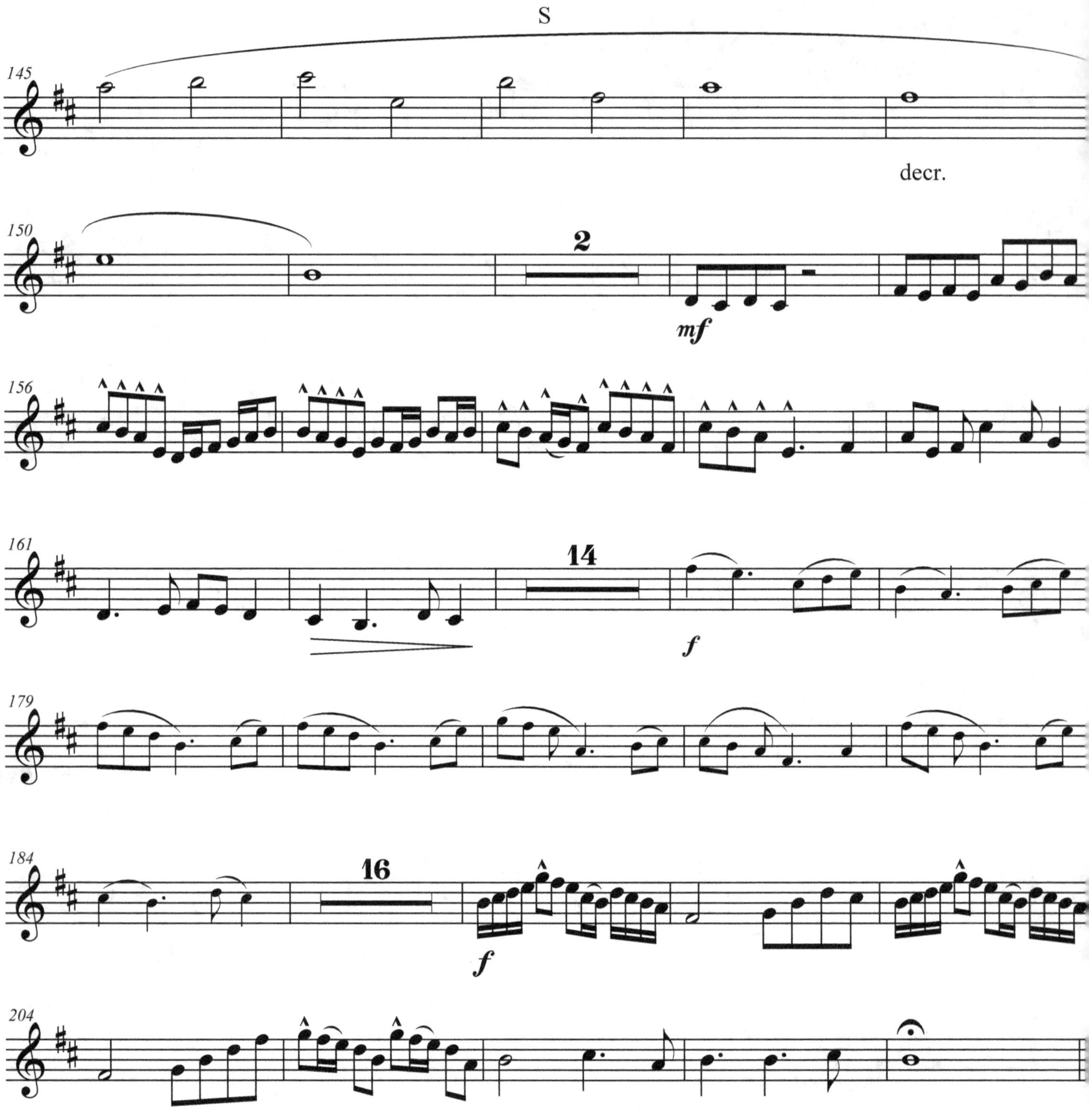

S sym 1

Bes Trumpet 2 + 3

Joost de Groot

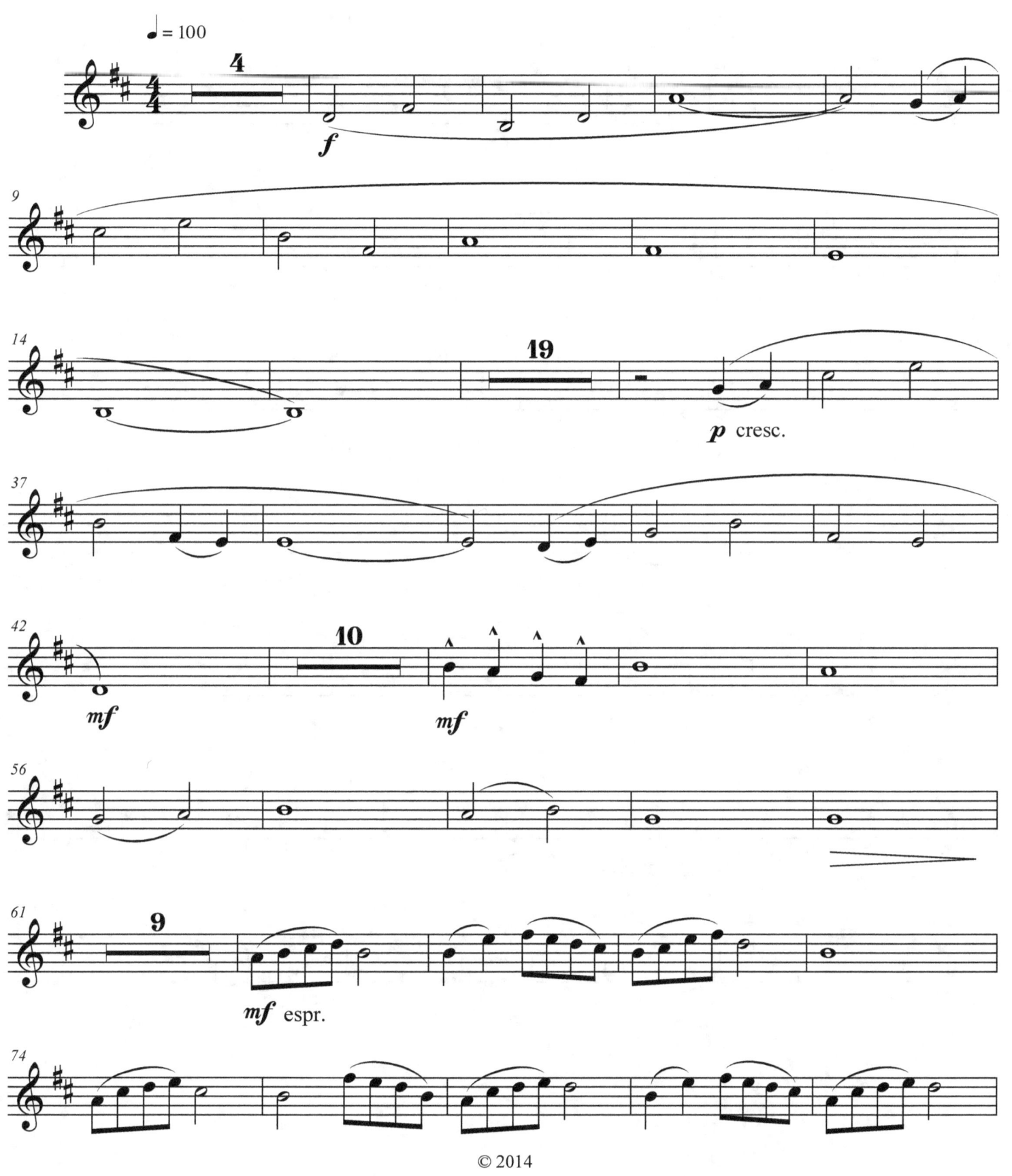

© 2014

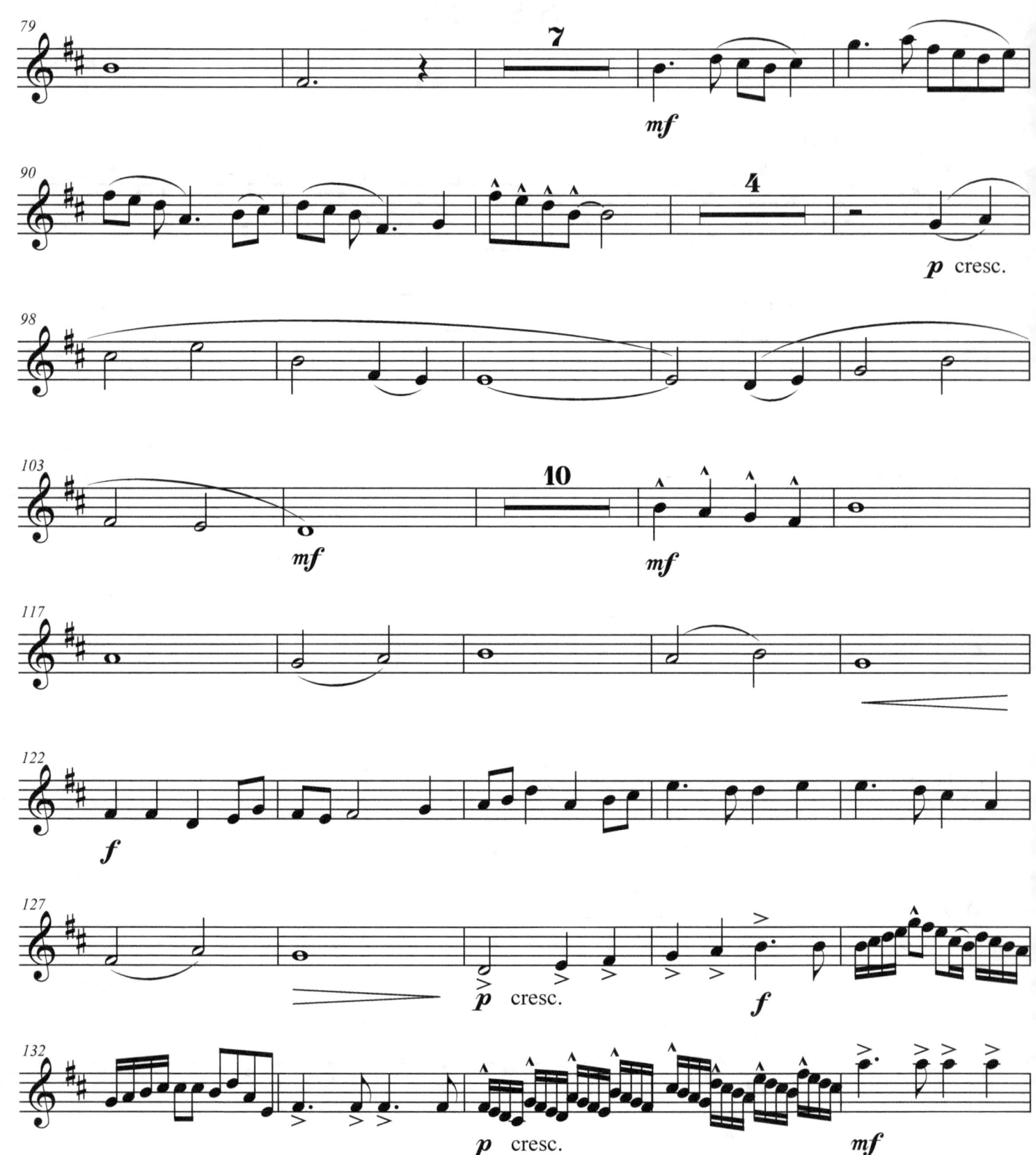

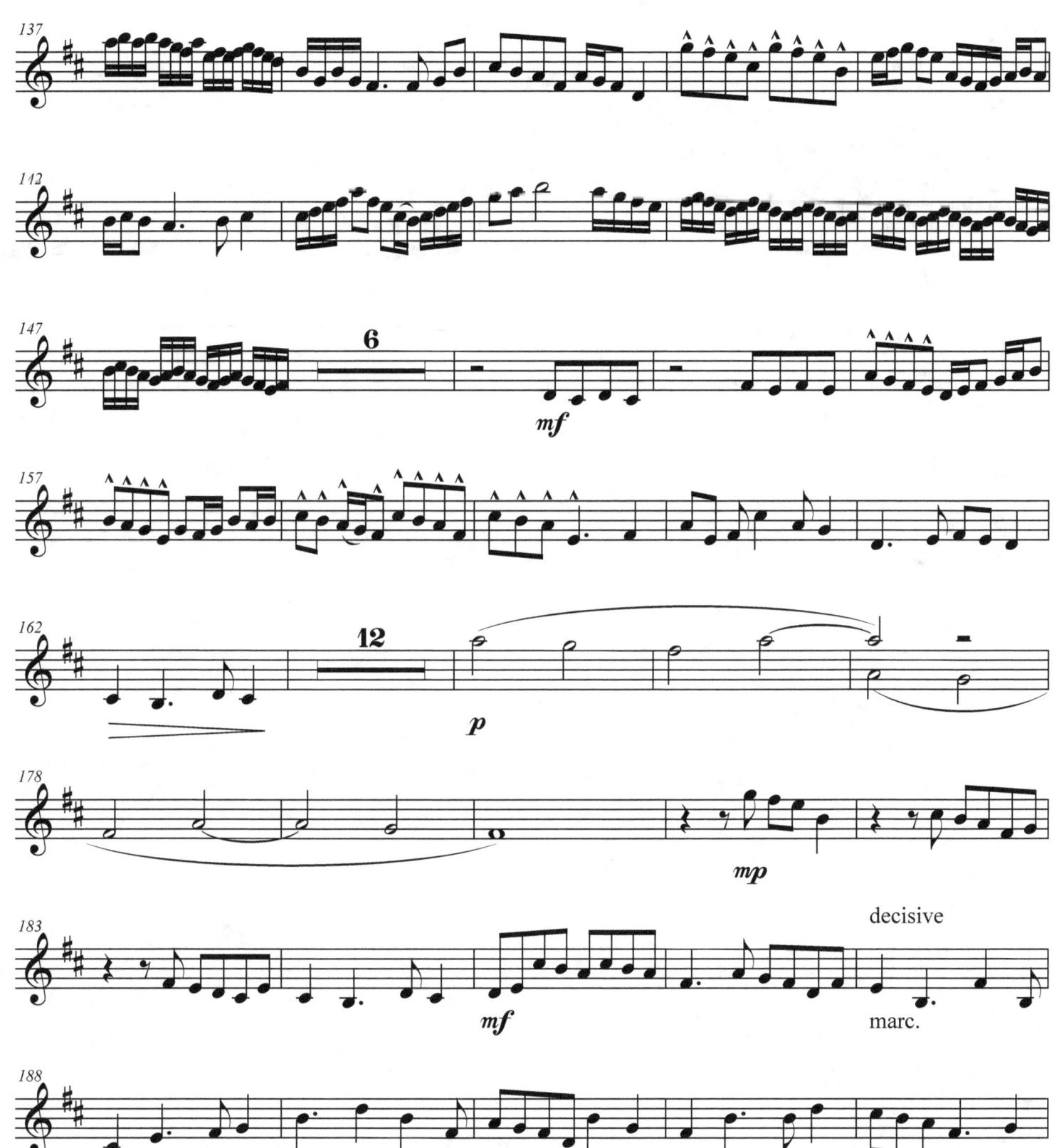

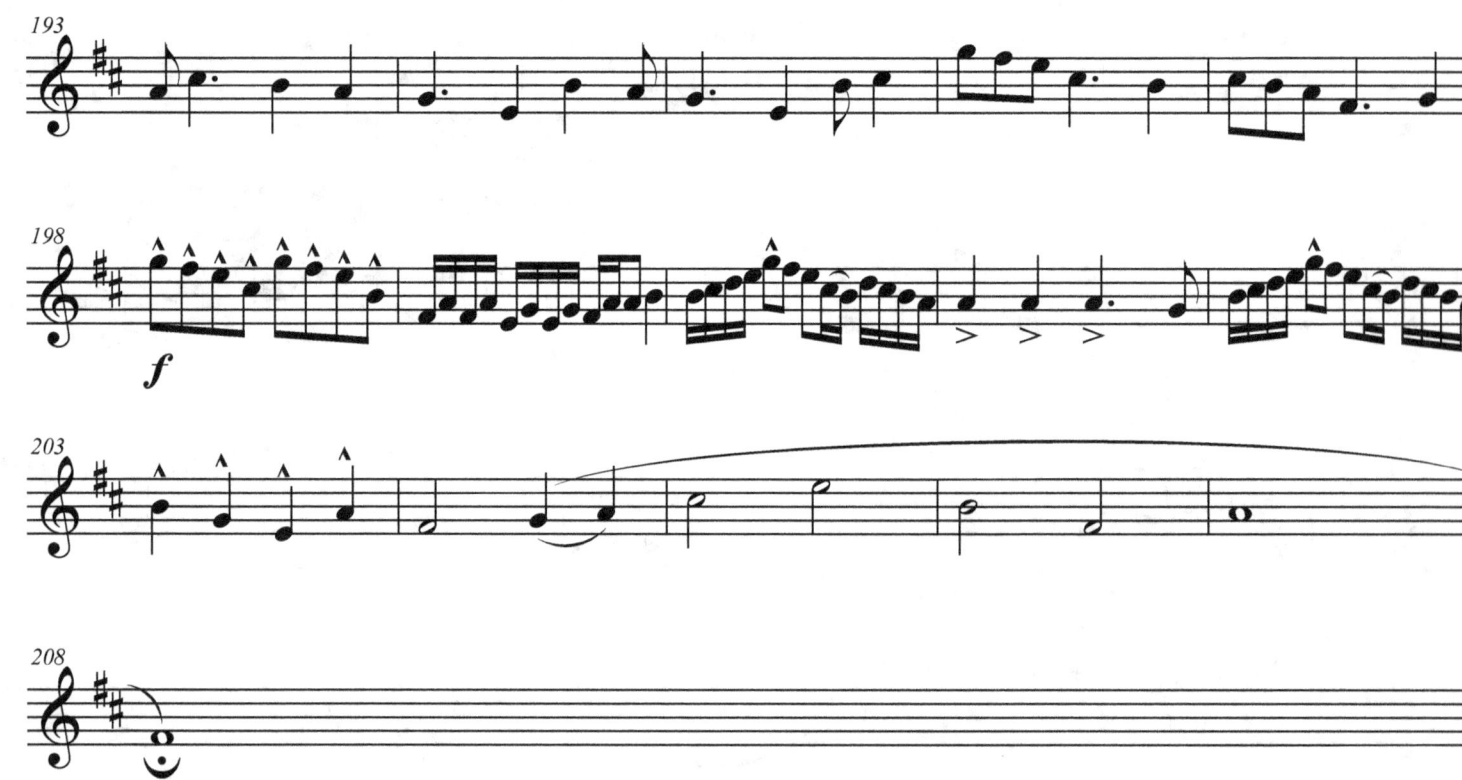

S sym 1

F Horn 1 + 2

Joost de Groot

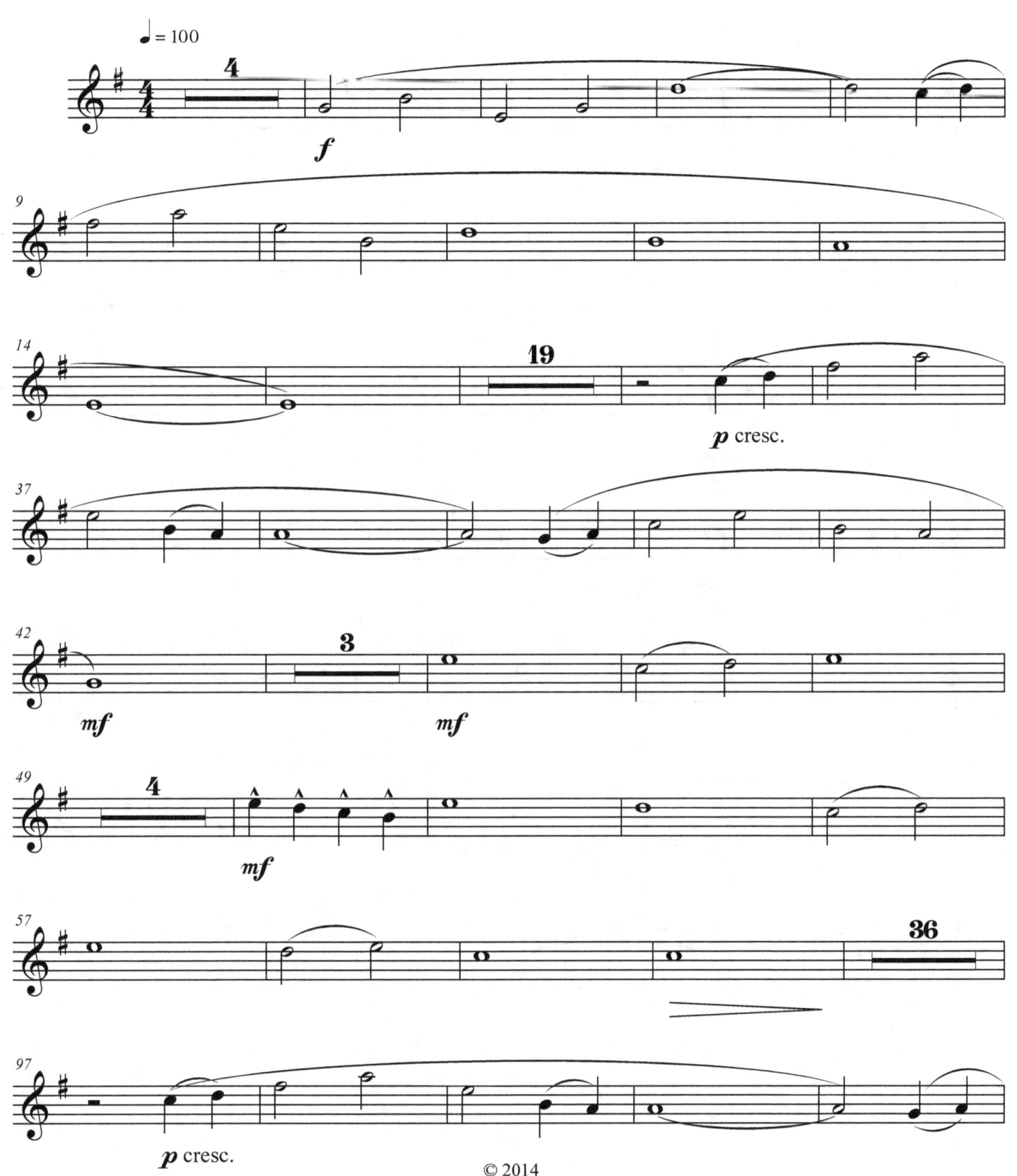

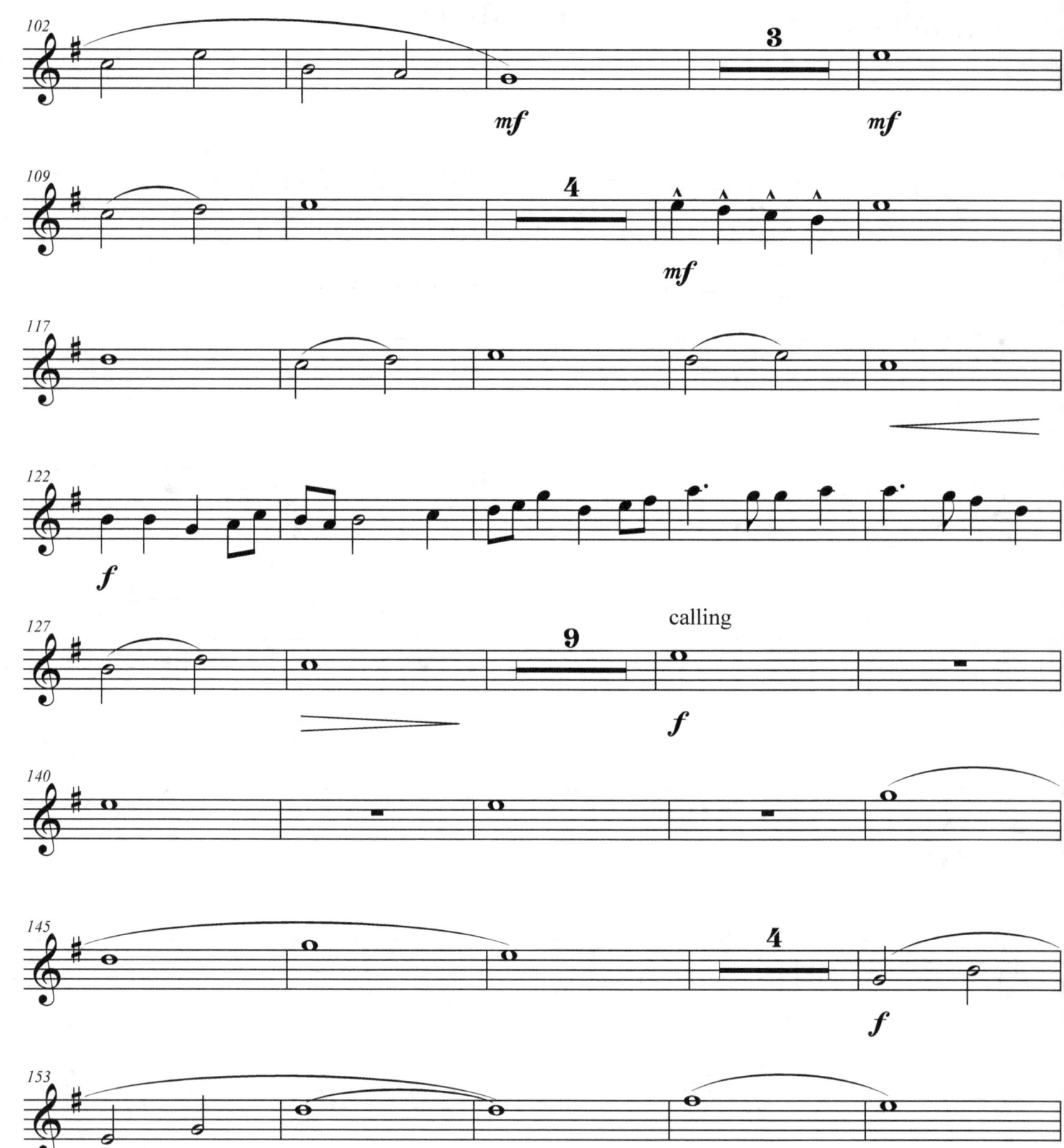

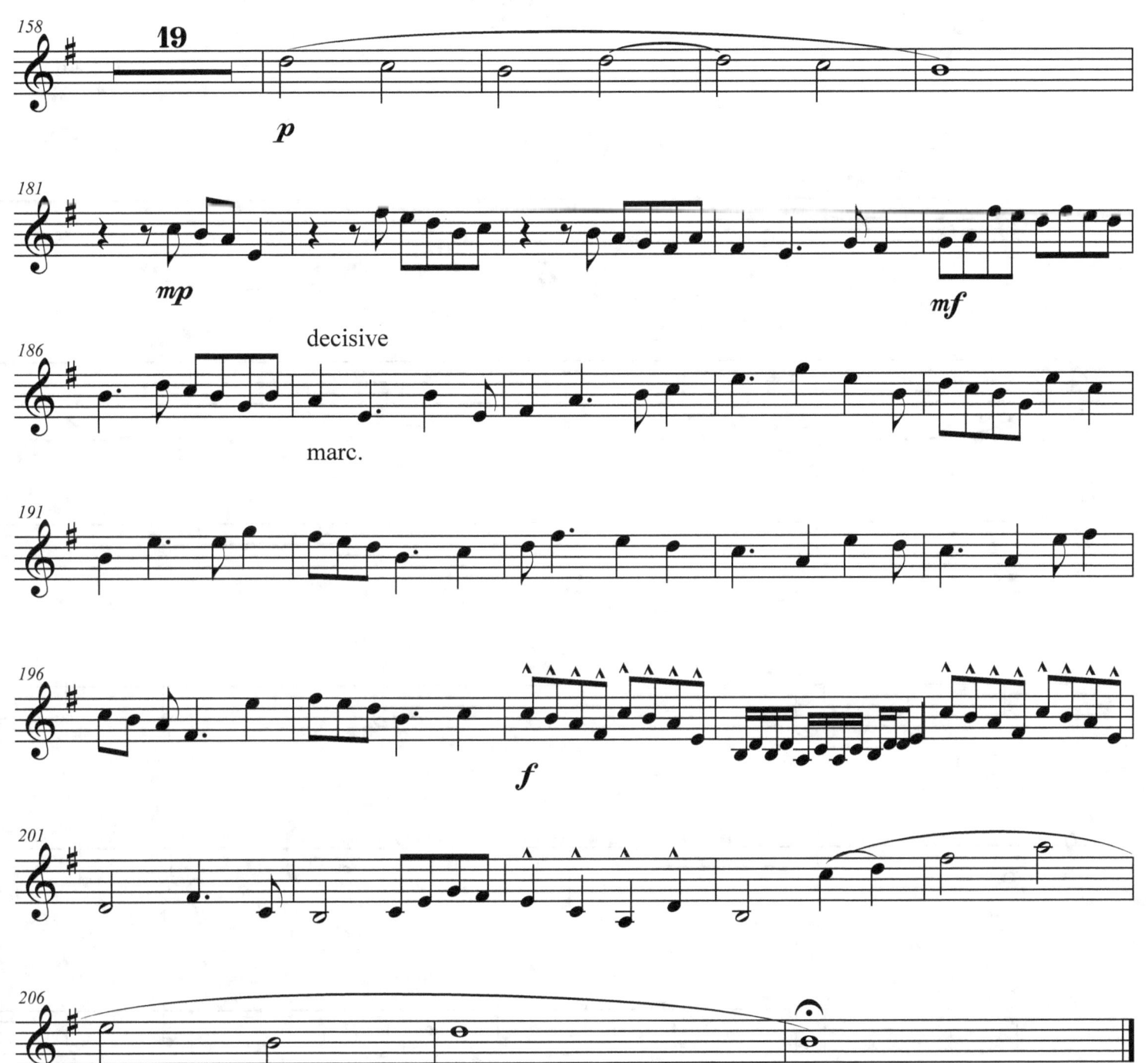

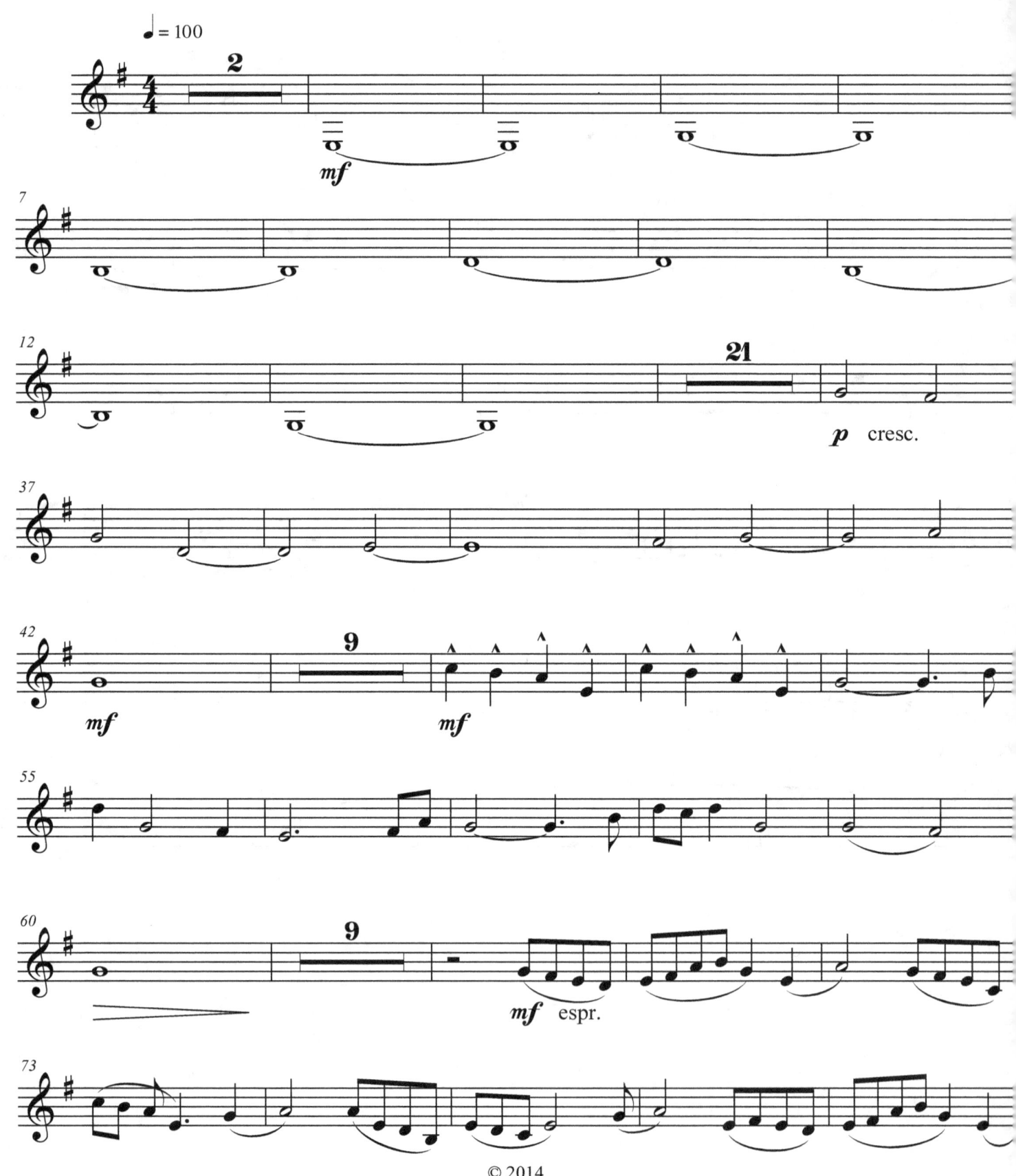

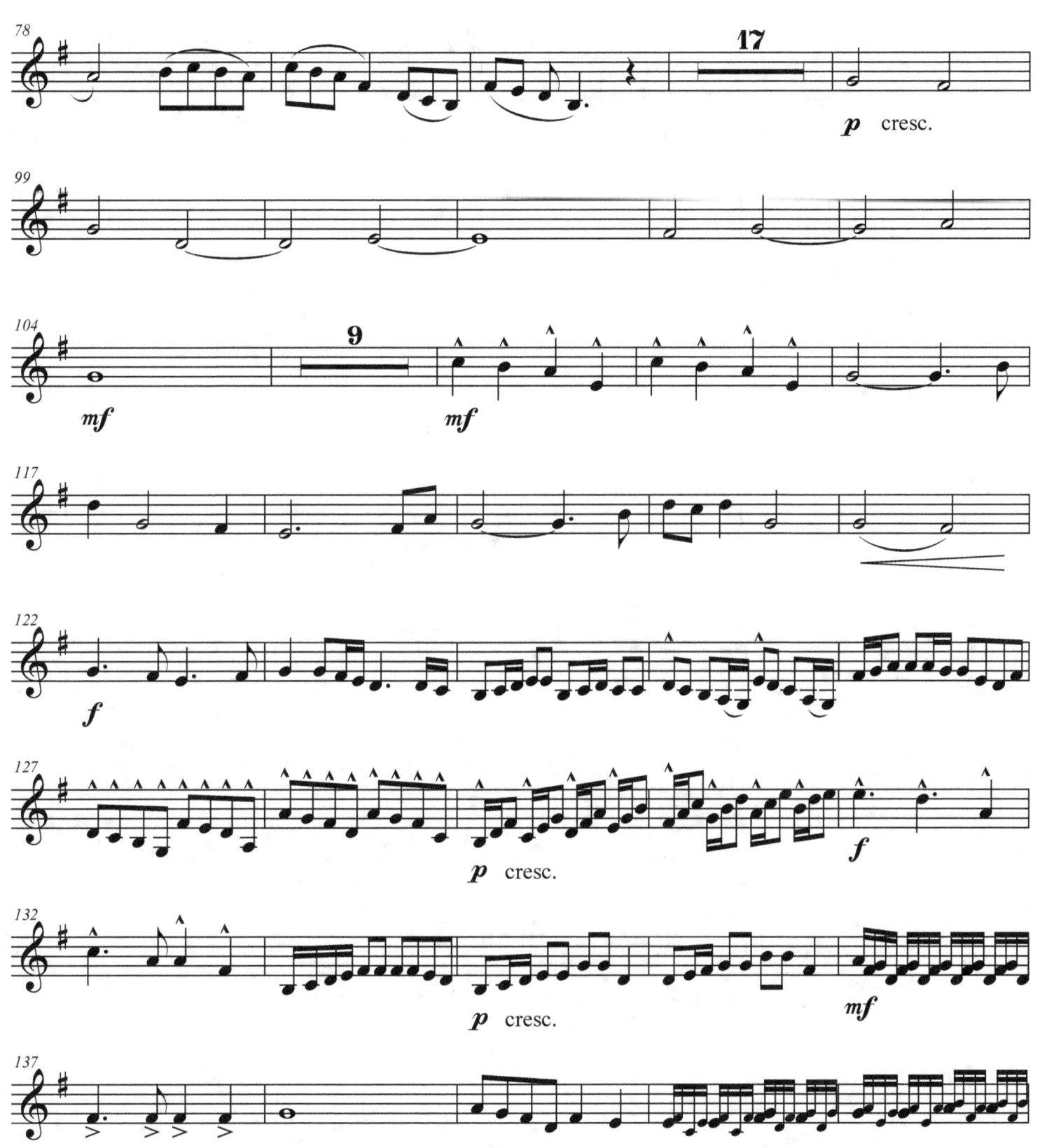

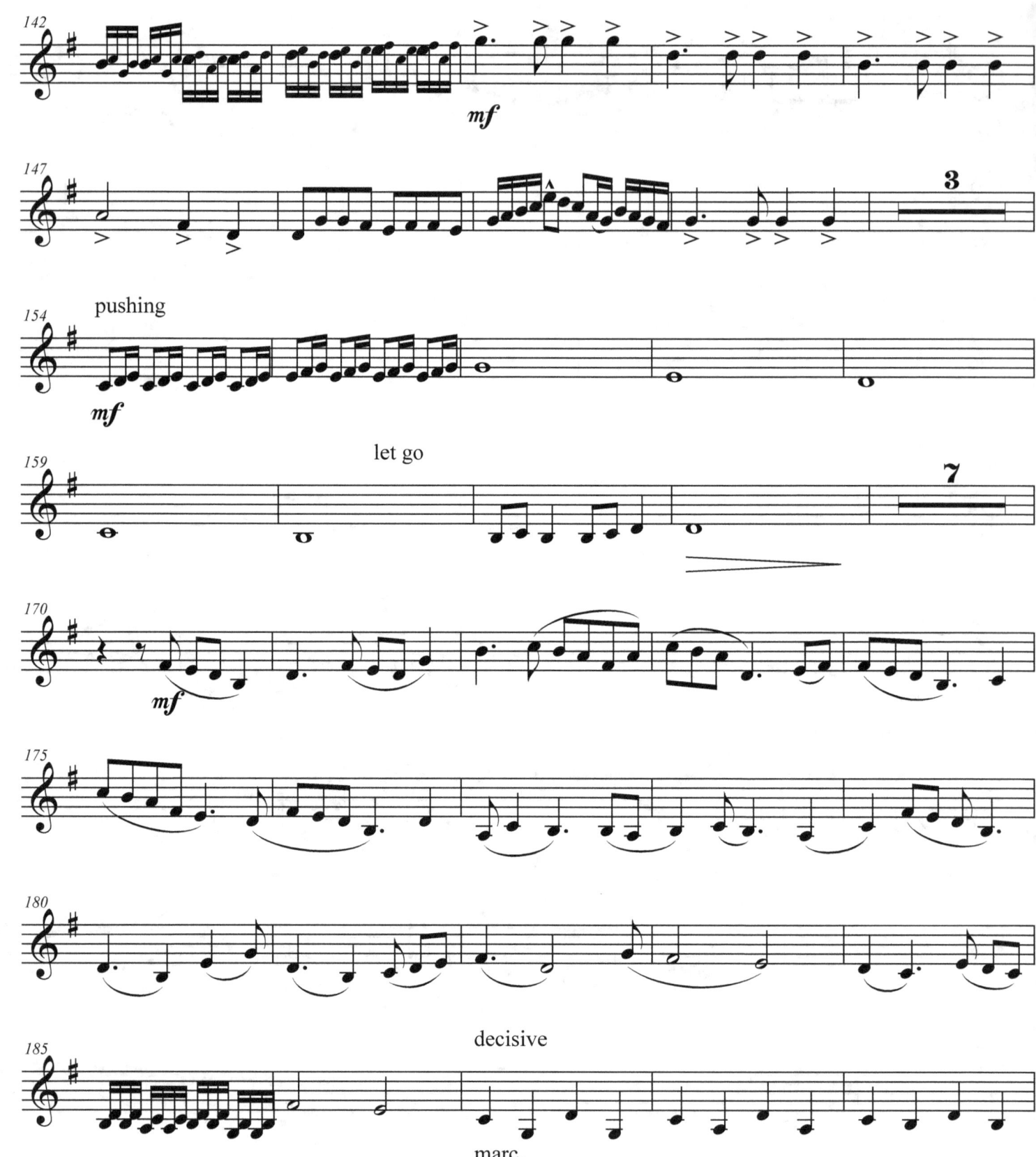

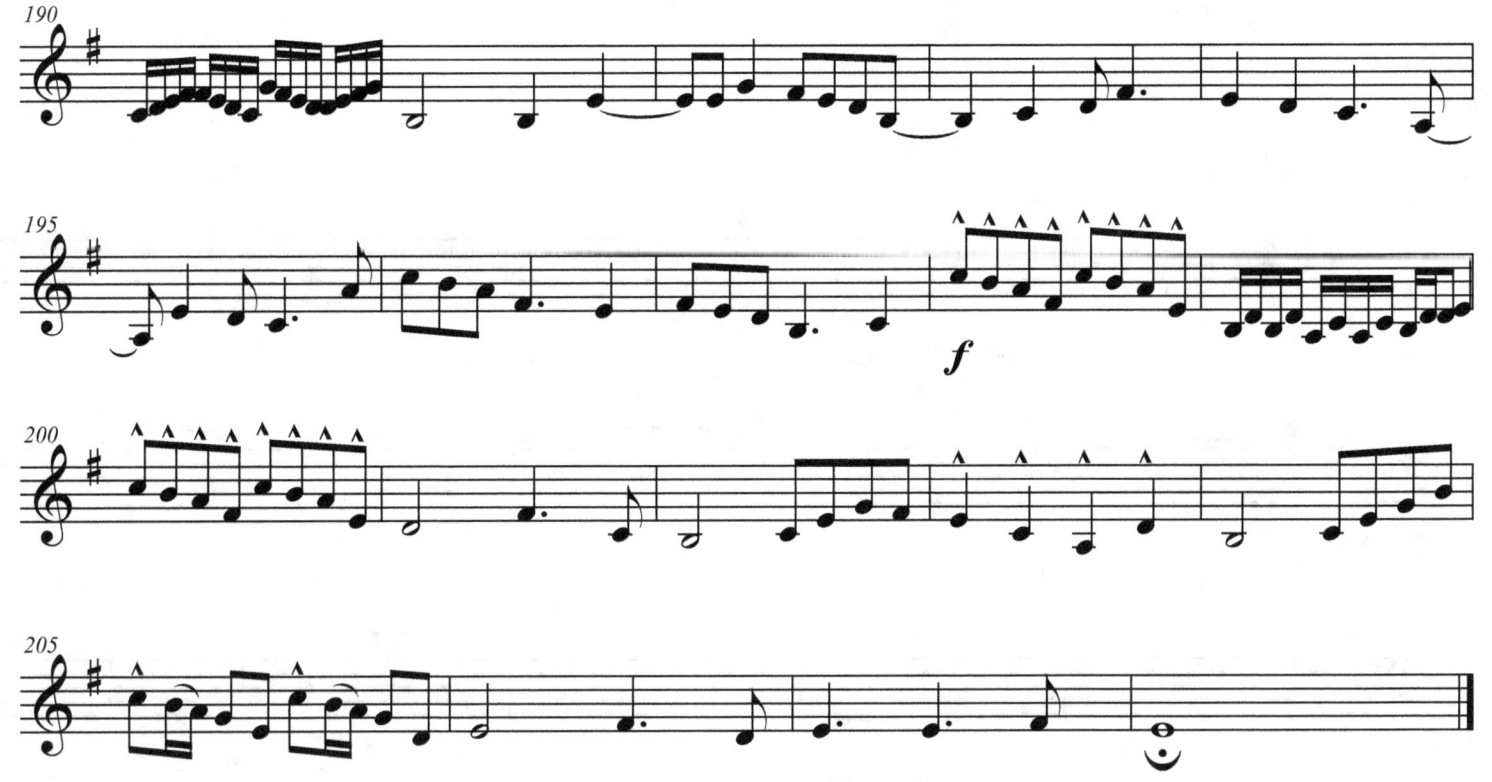

S sym 1

C Trombone

Joost de Groot

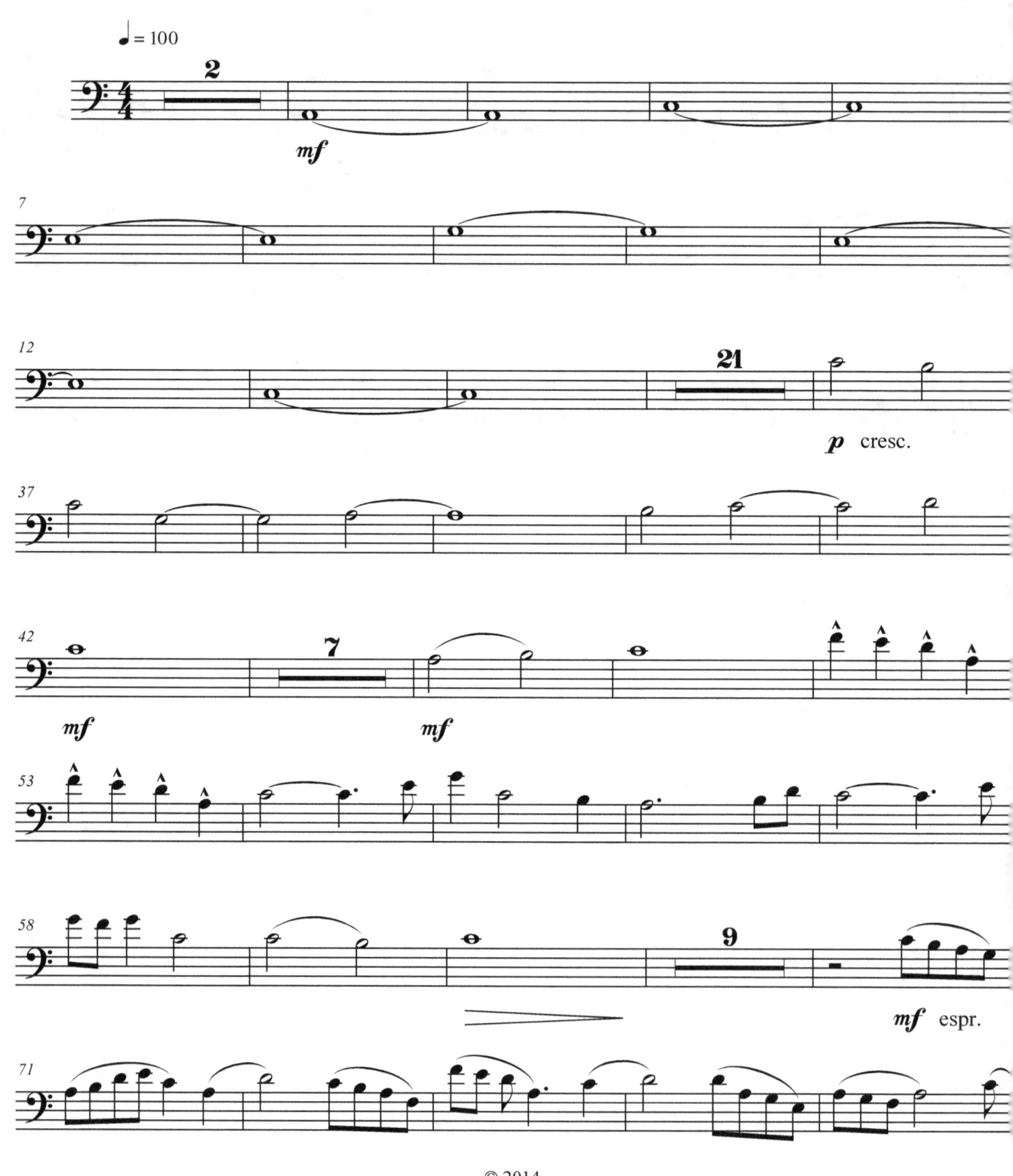

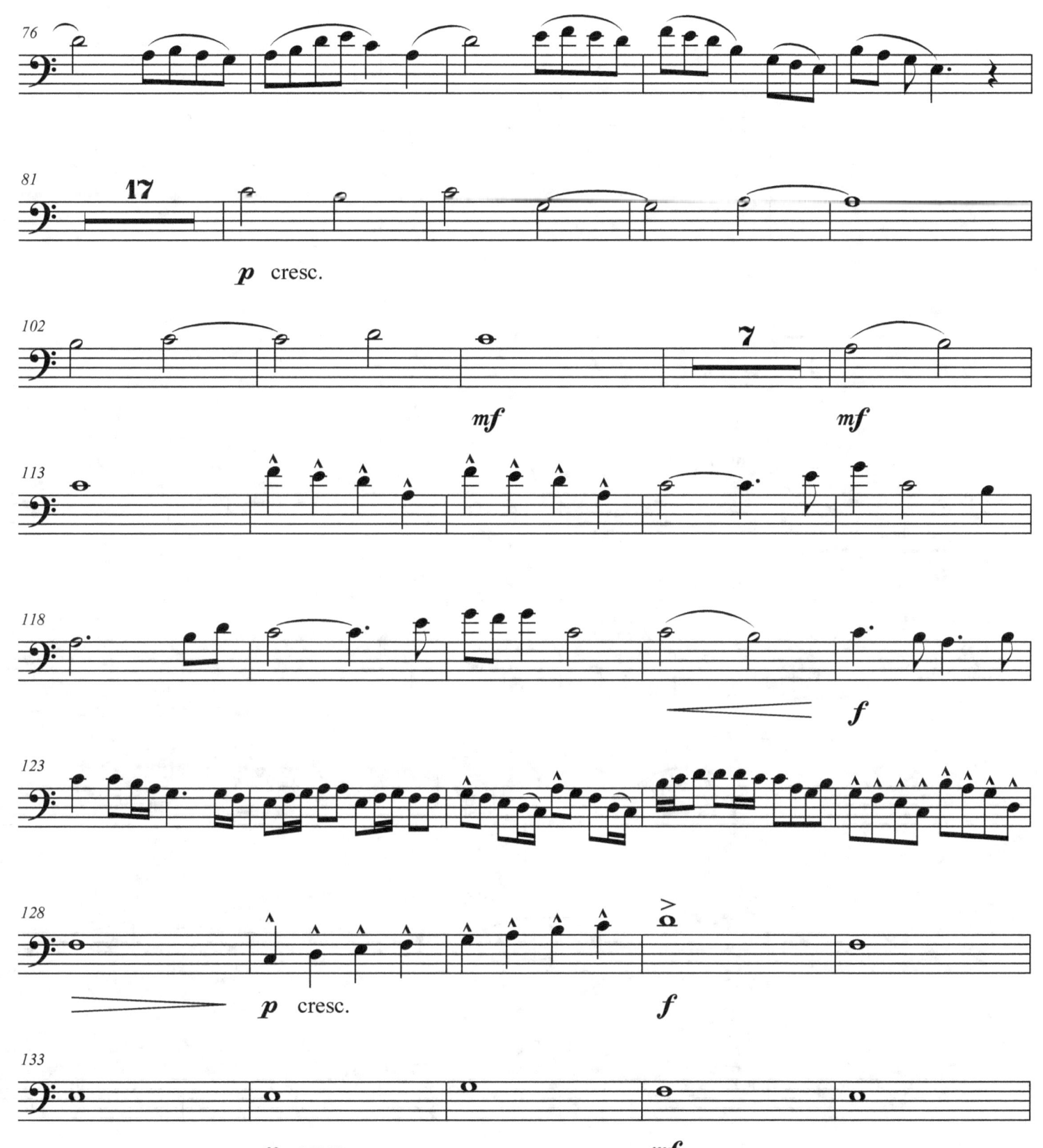

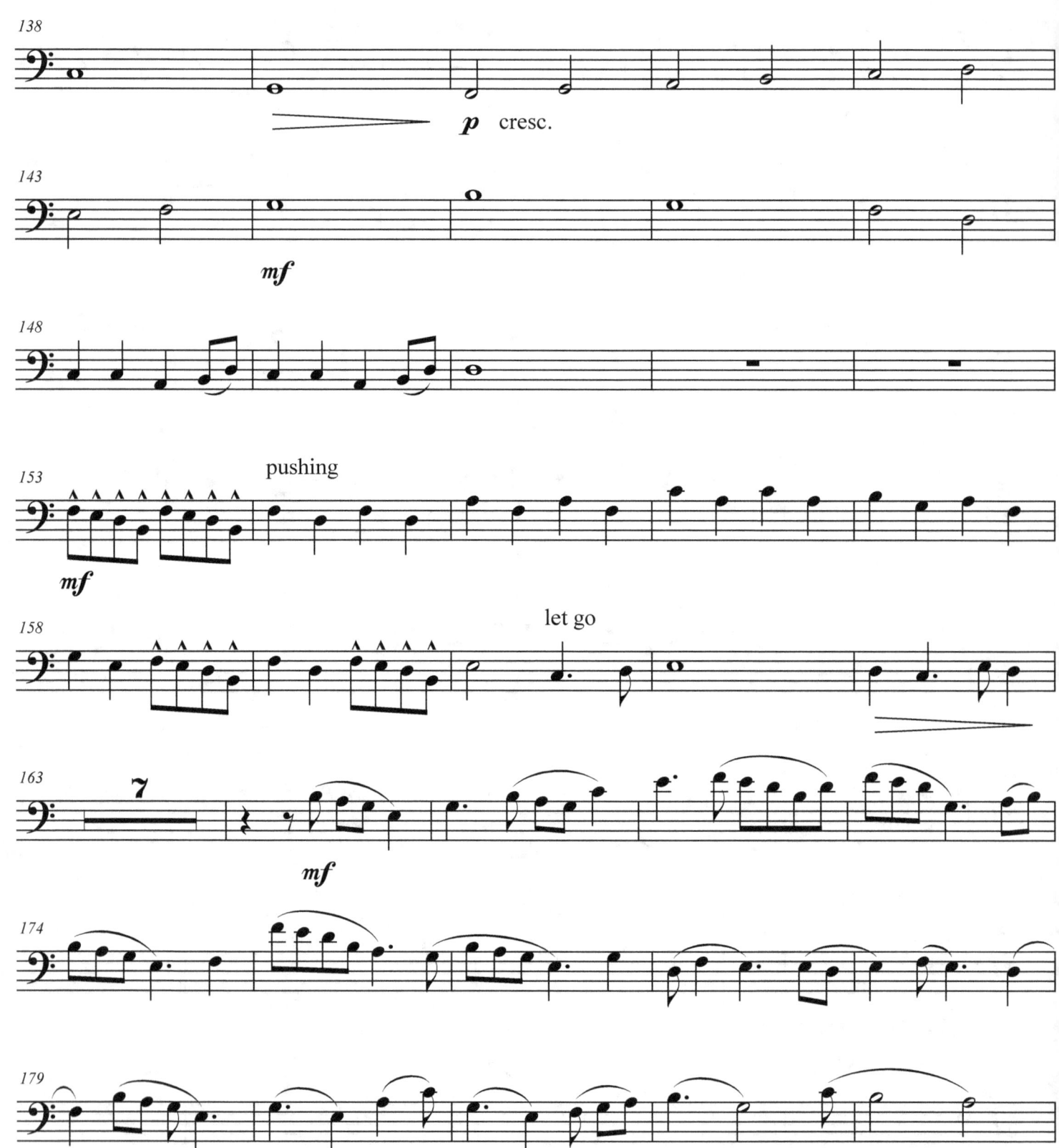

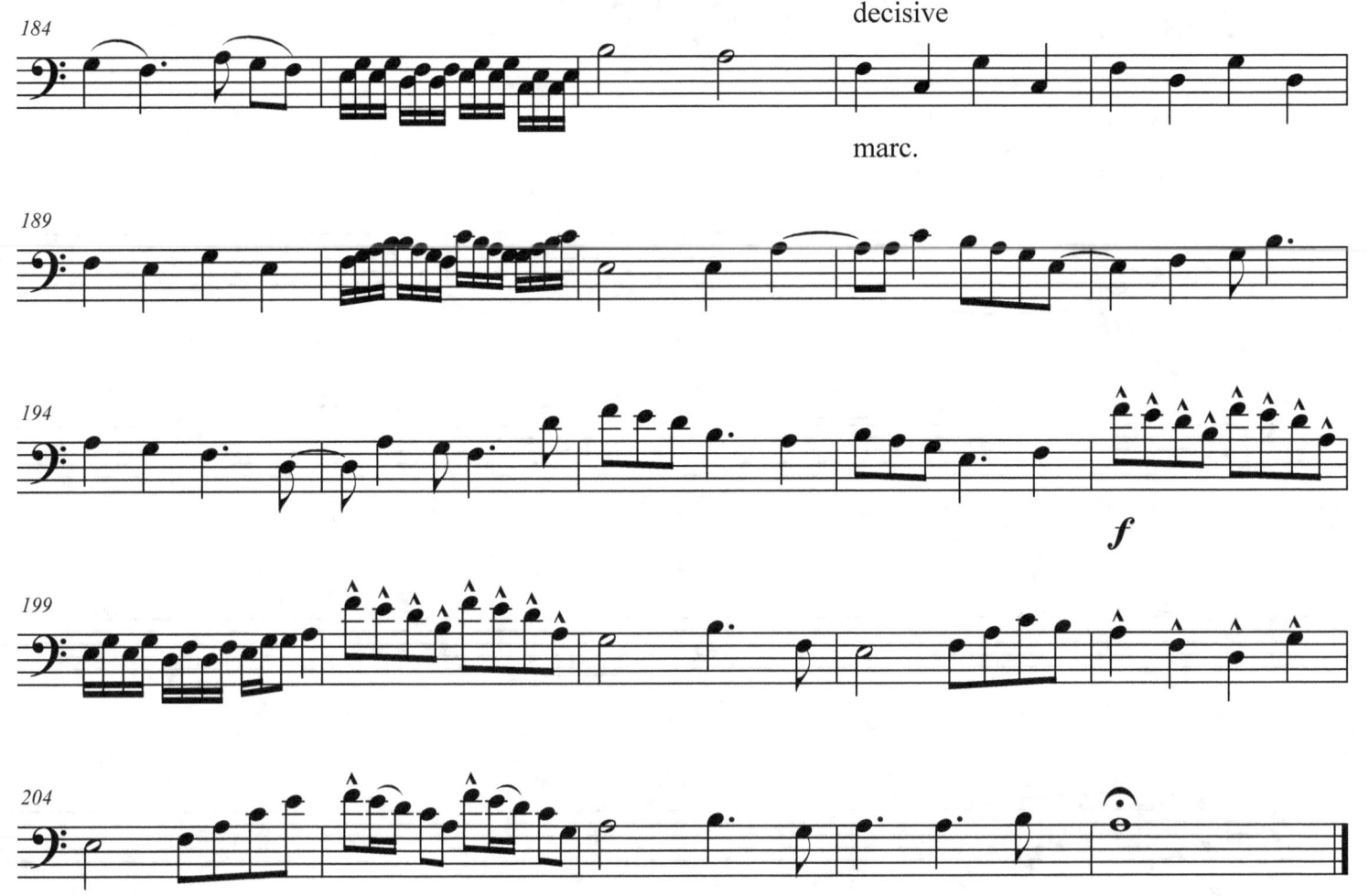

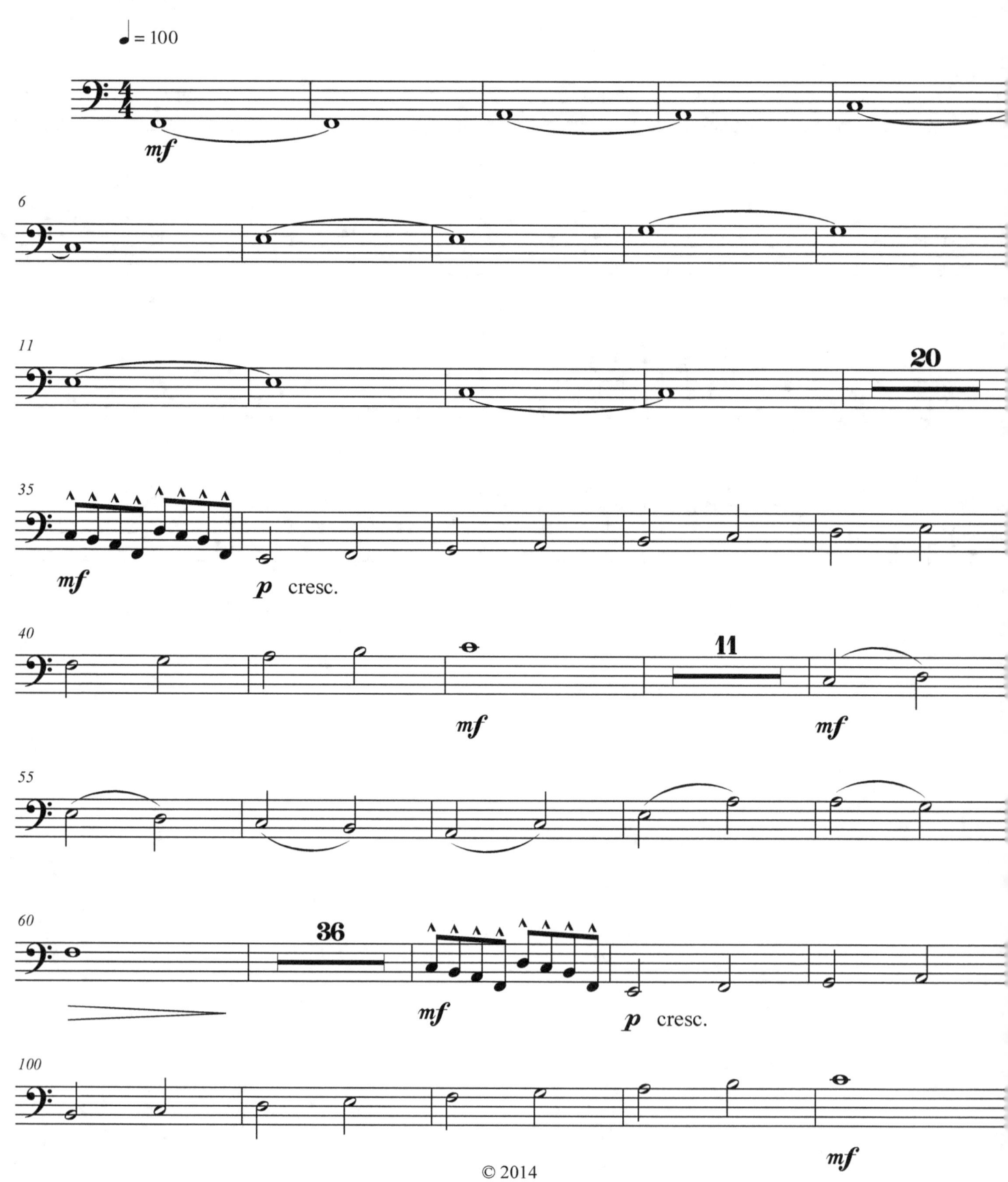

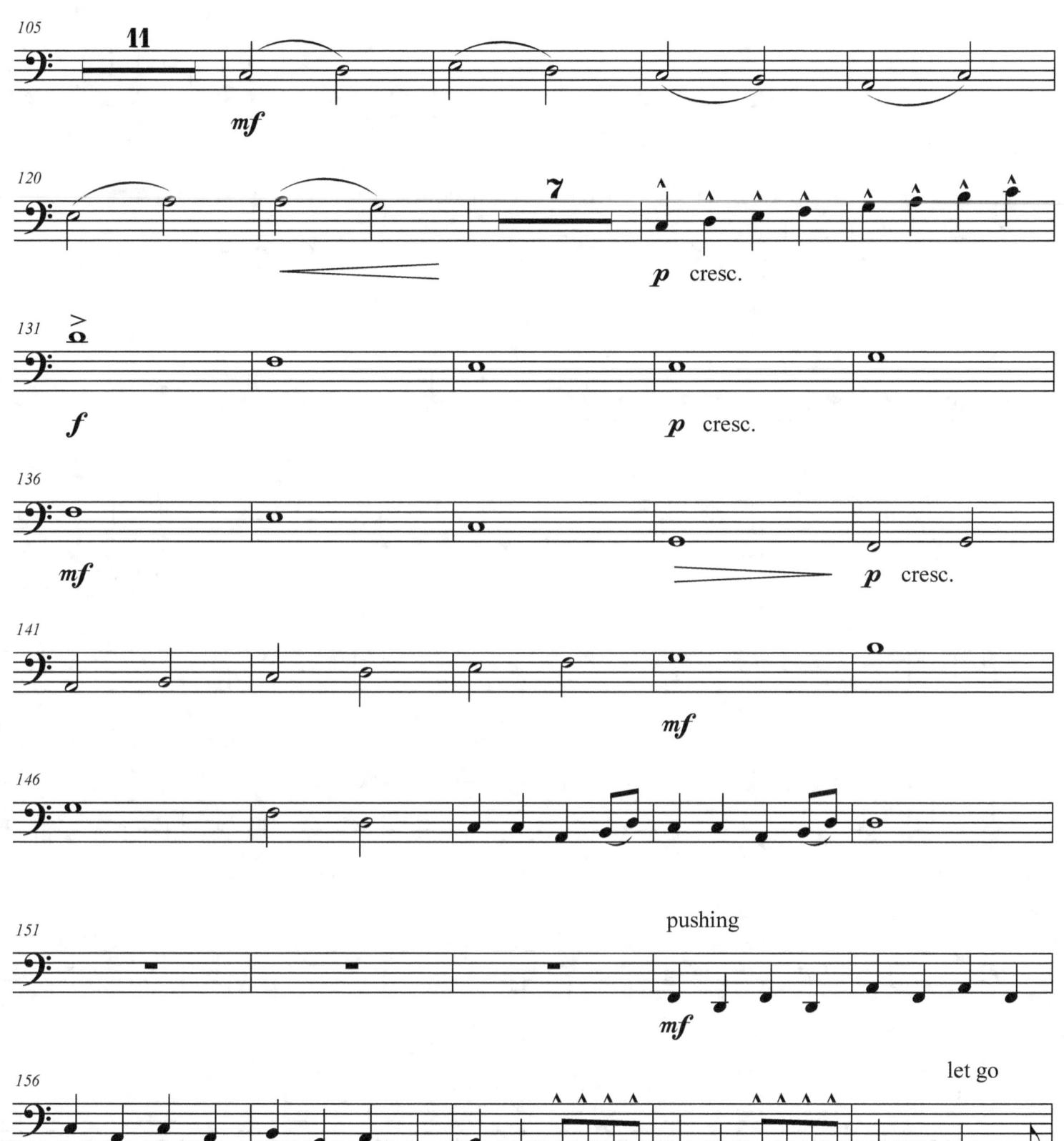

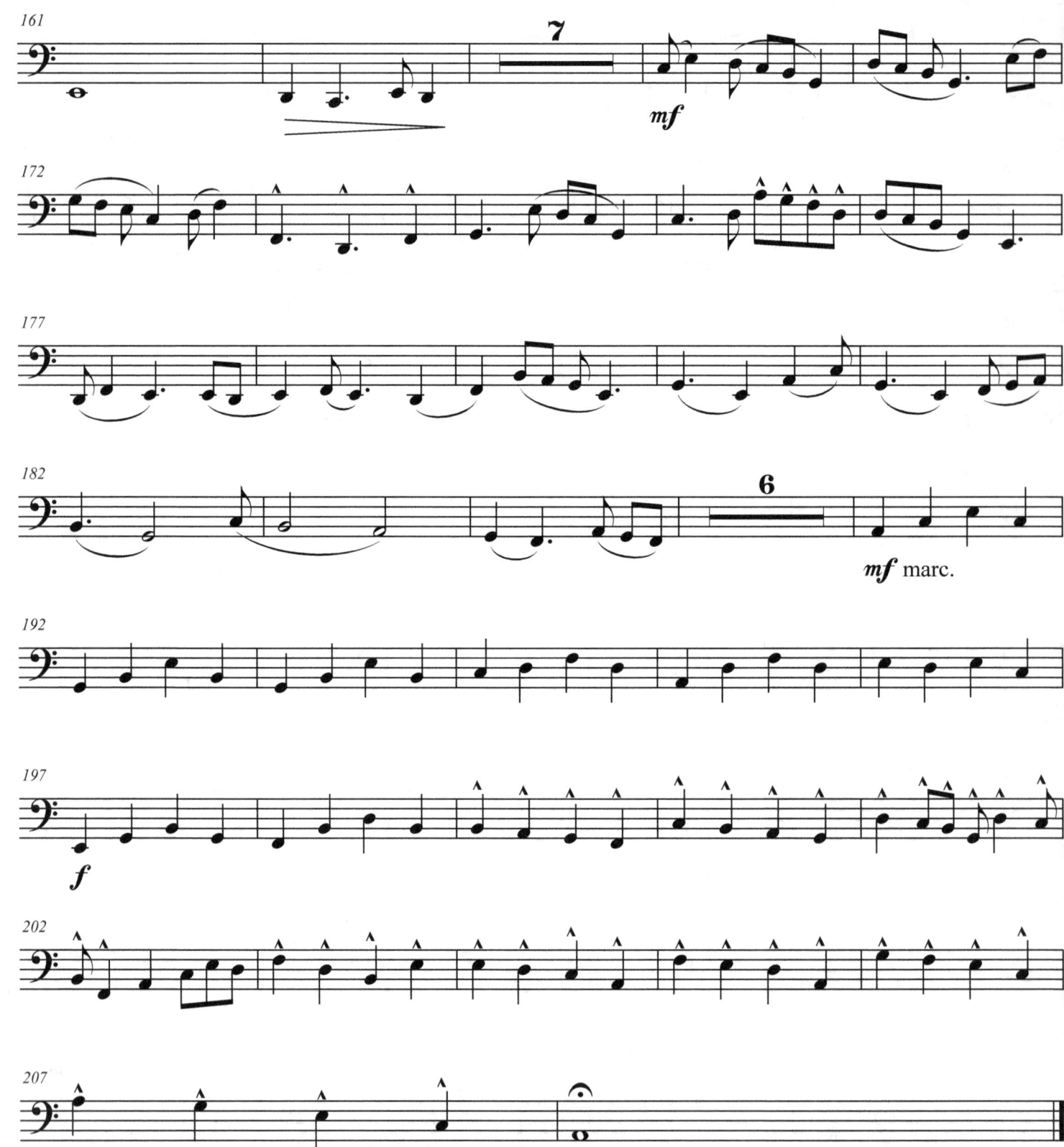

S sym 1

C Baritone

Joost de Groot

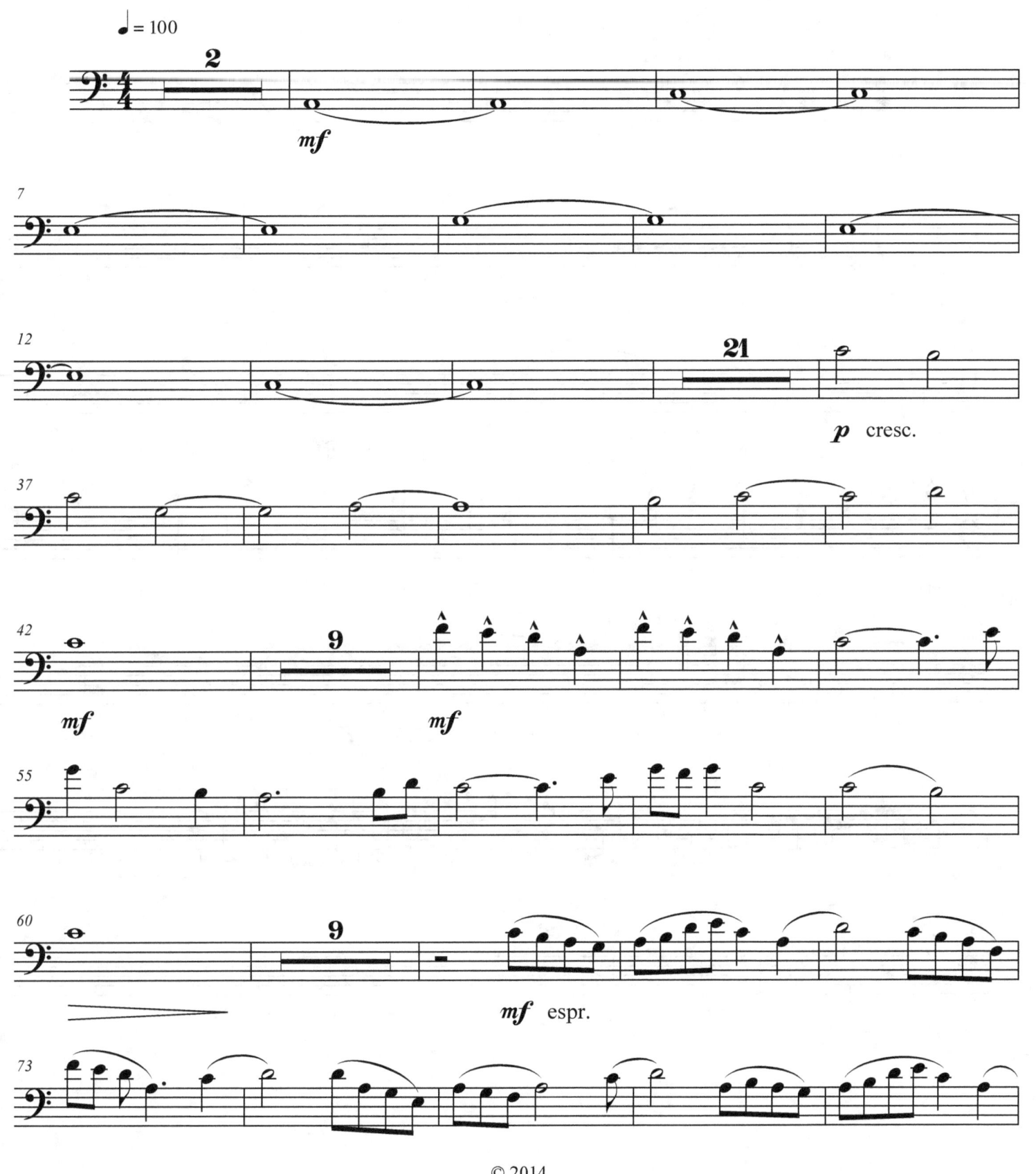

© 2014

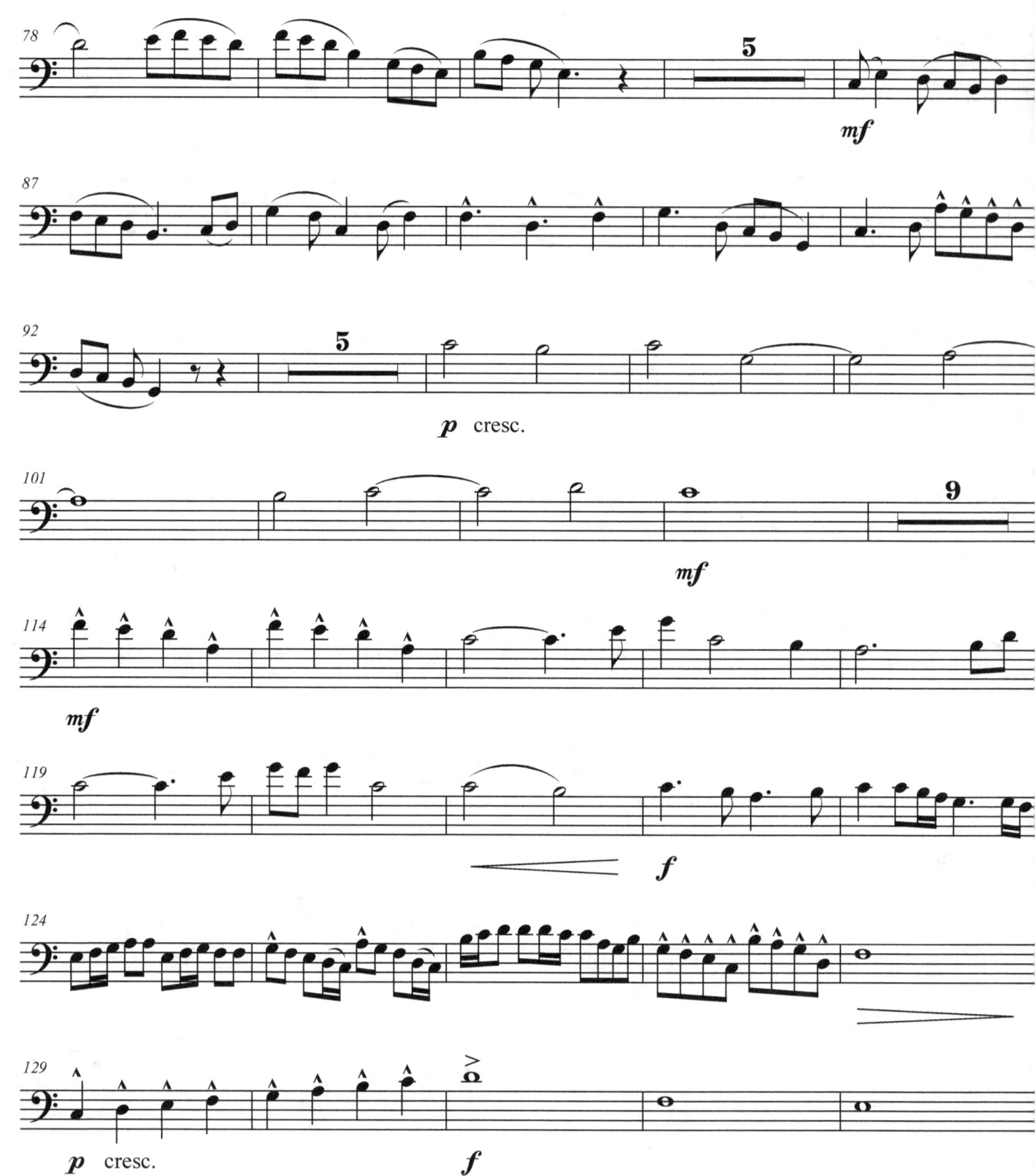

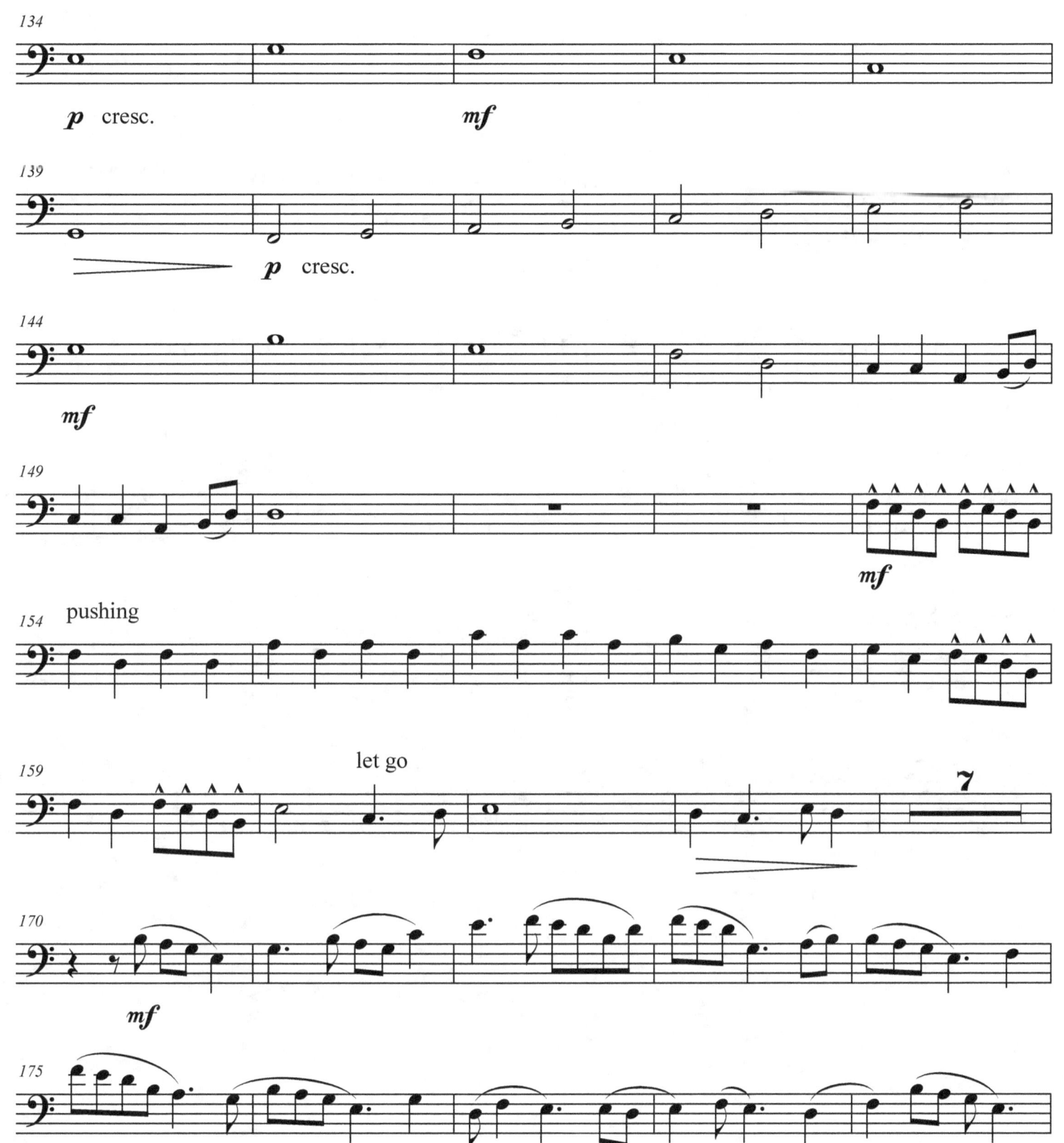

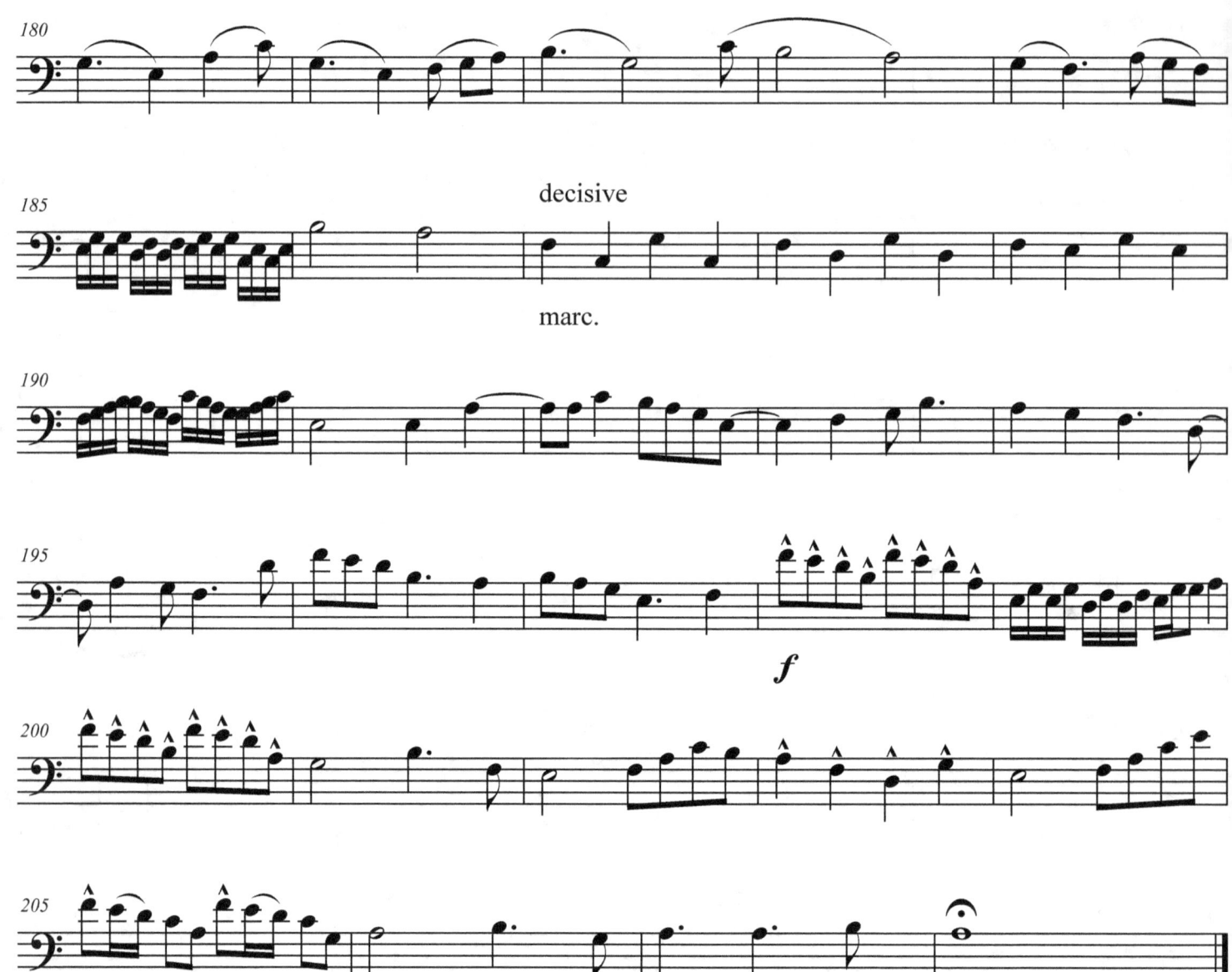

S sym 1

Bes Baritone

Joost de Groot

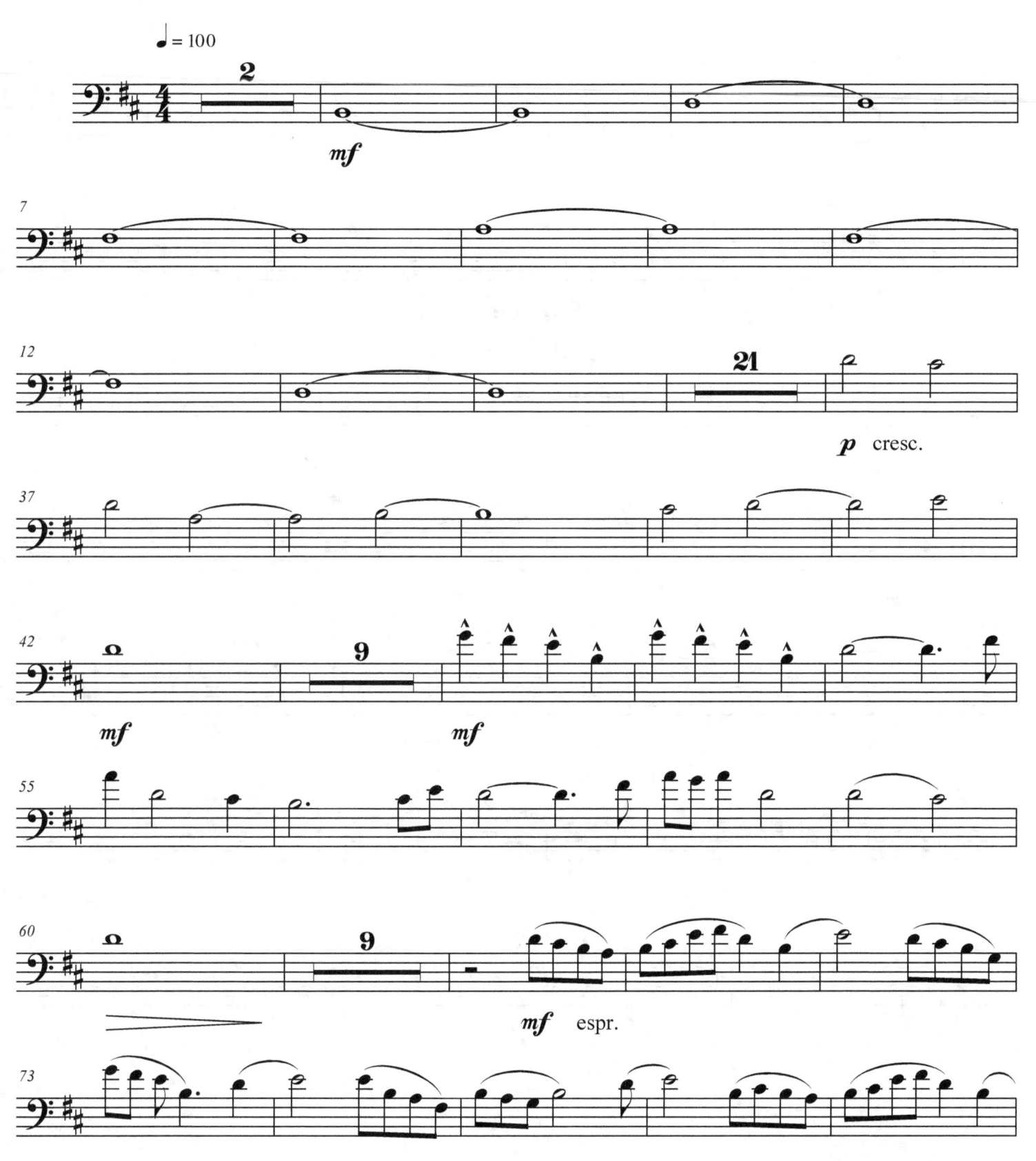

© 2014

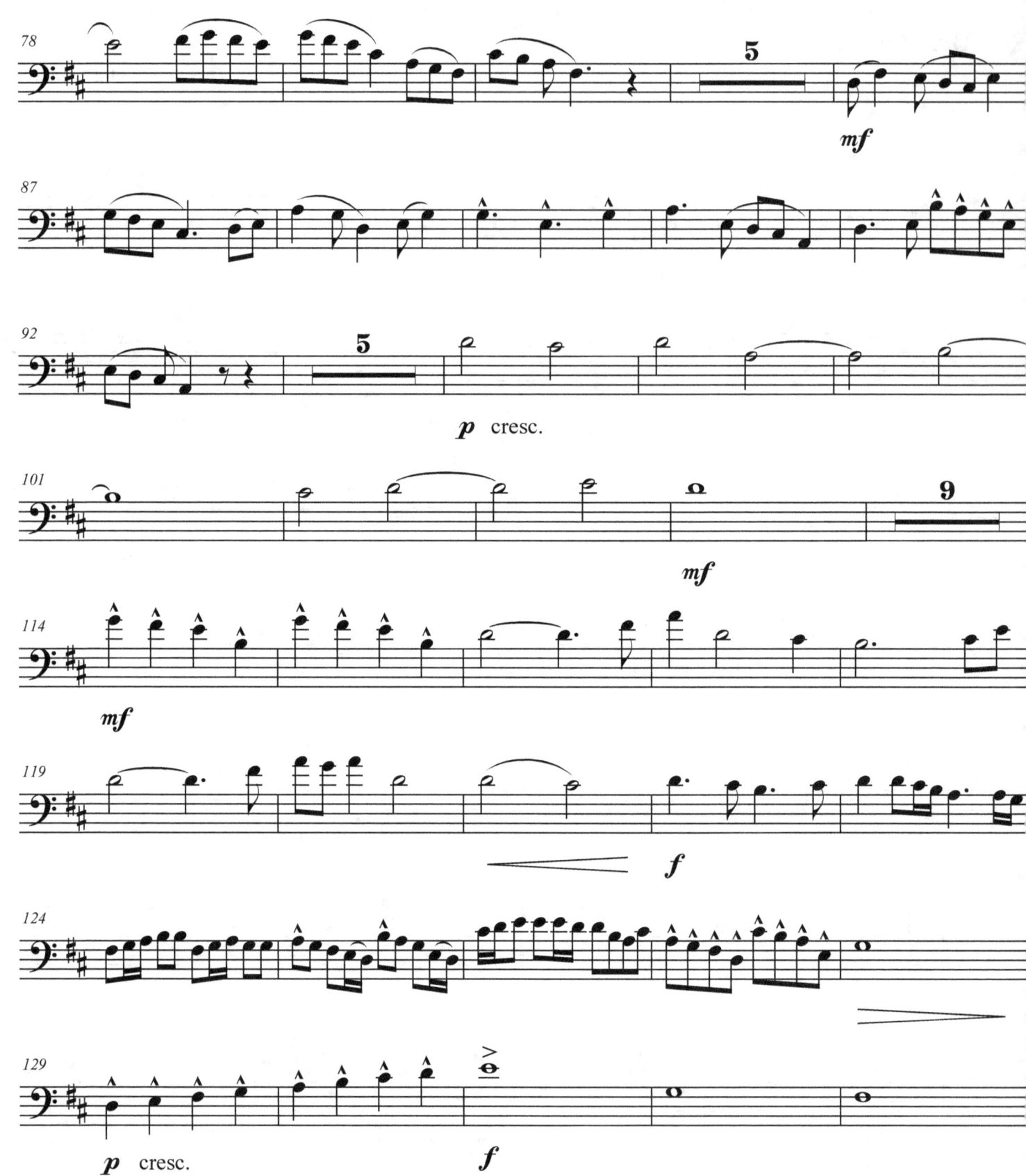

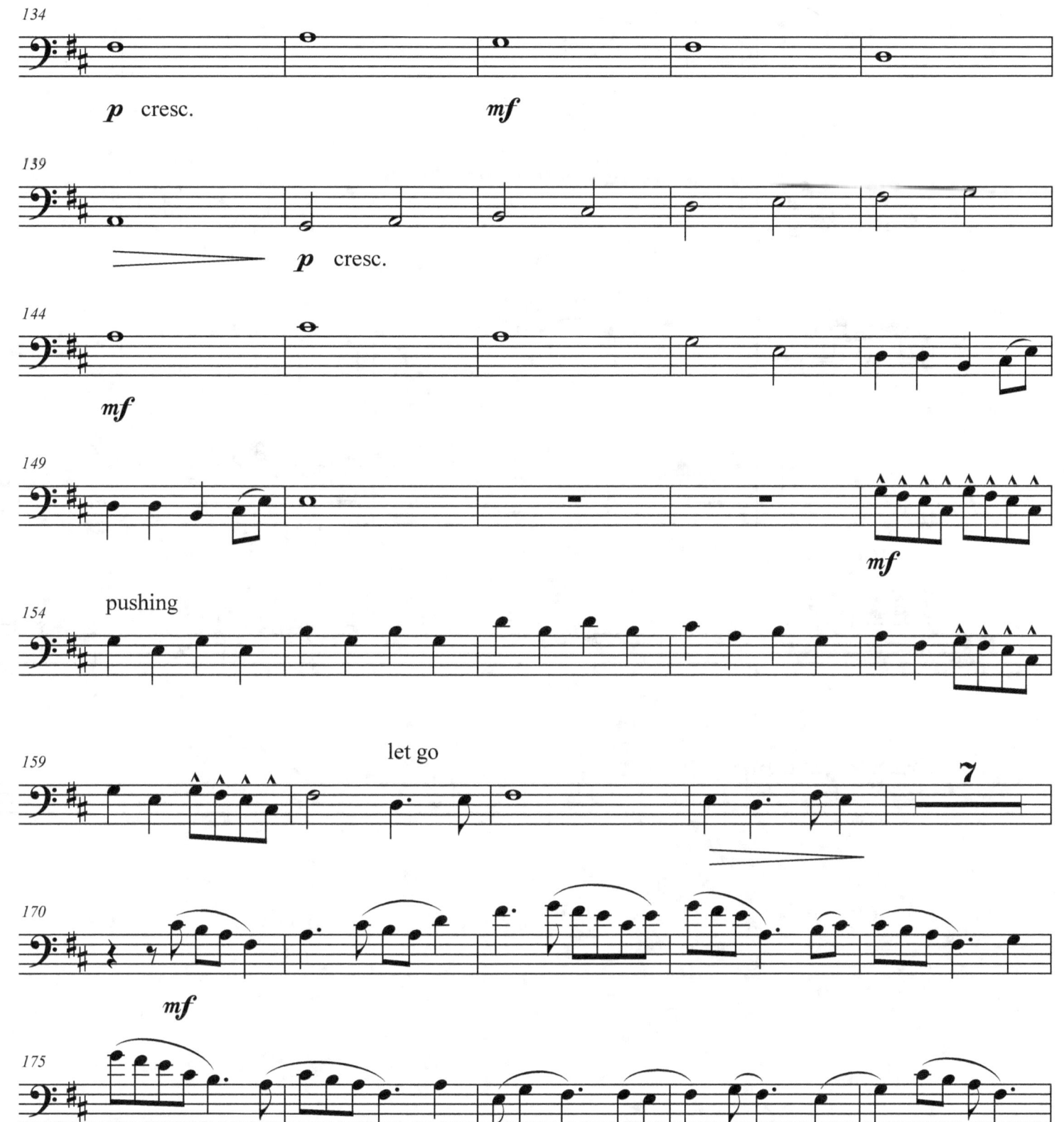

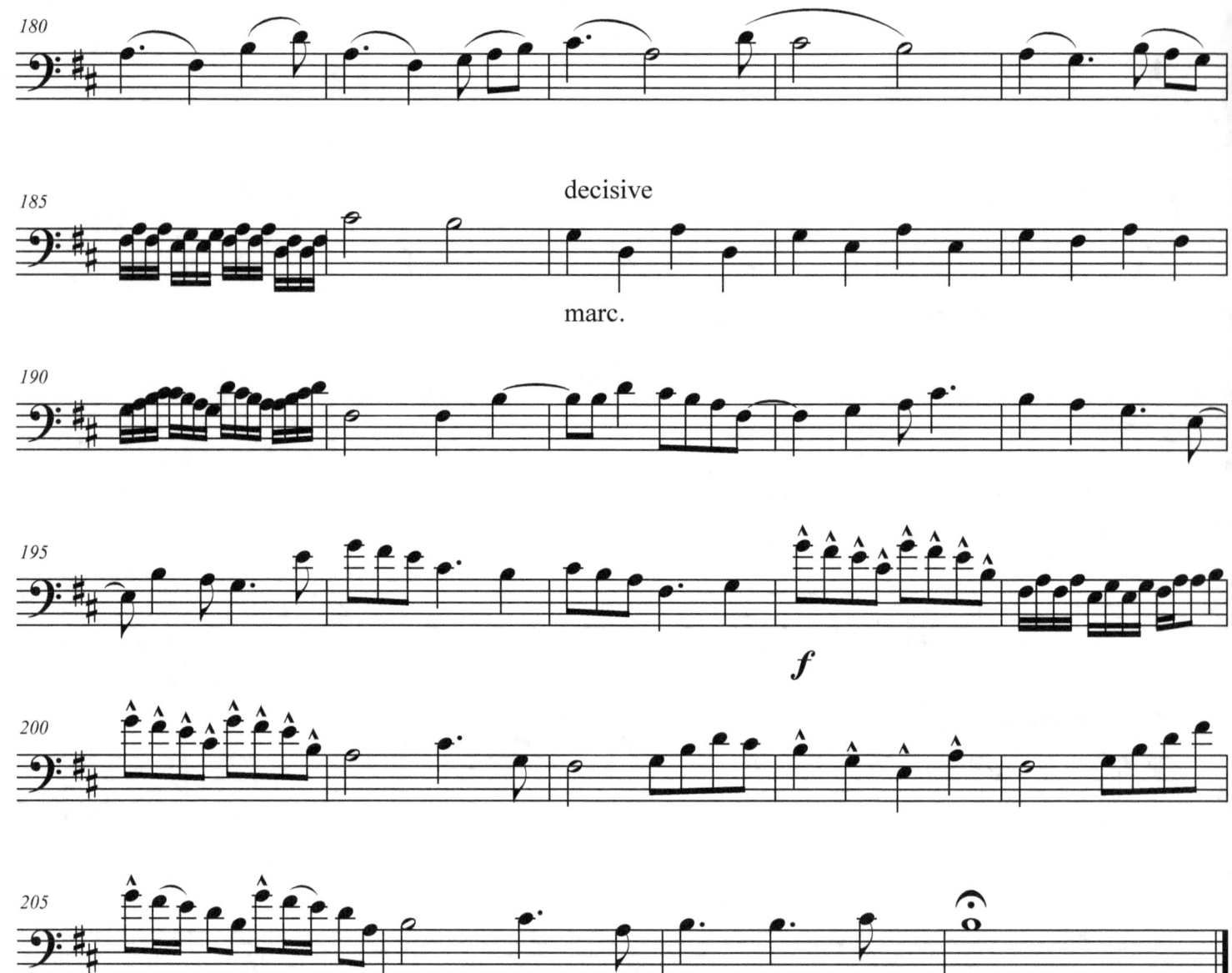

S sym 1

Bes Baritone

Joost de Groot

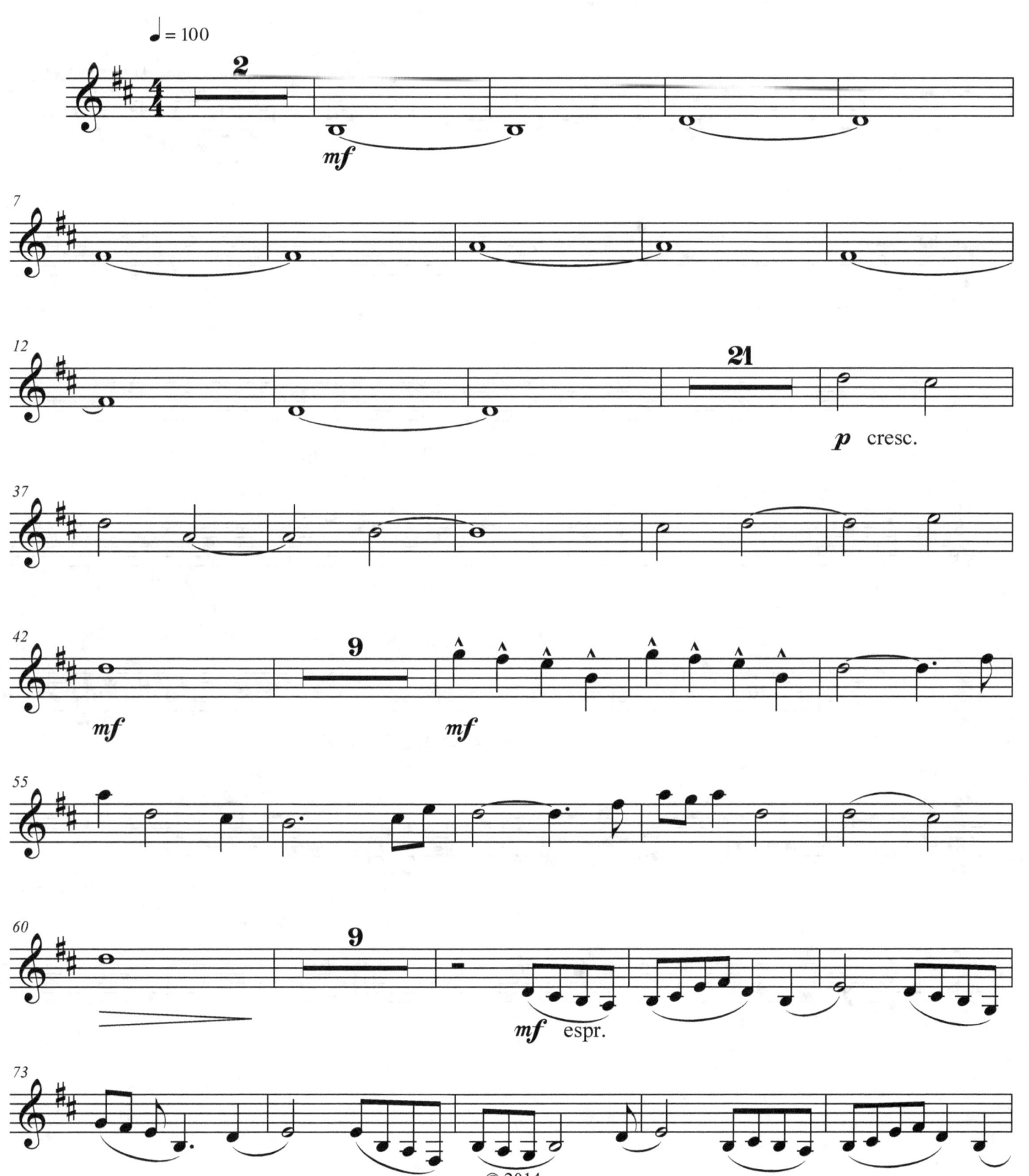

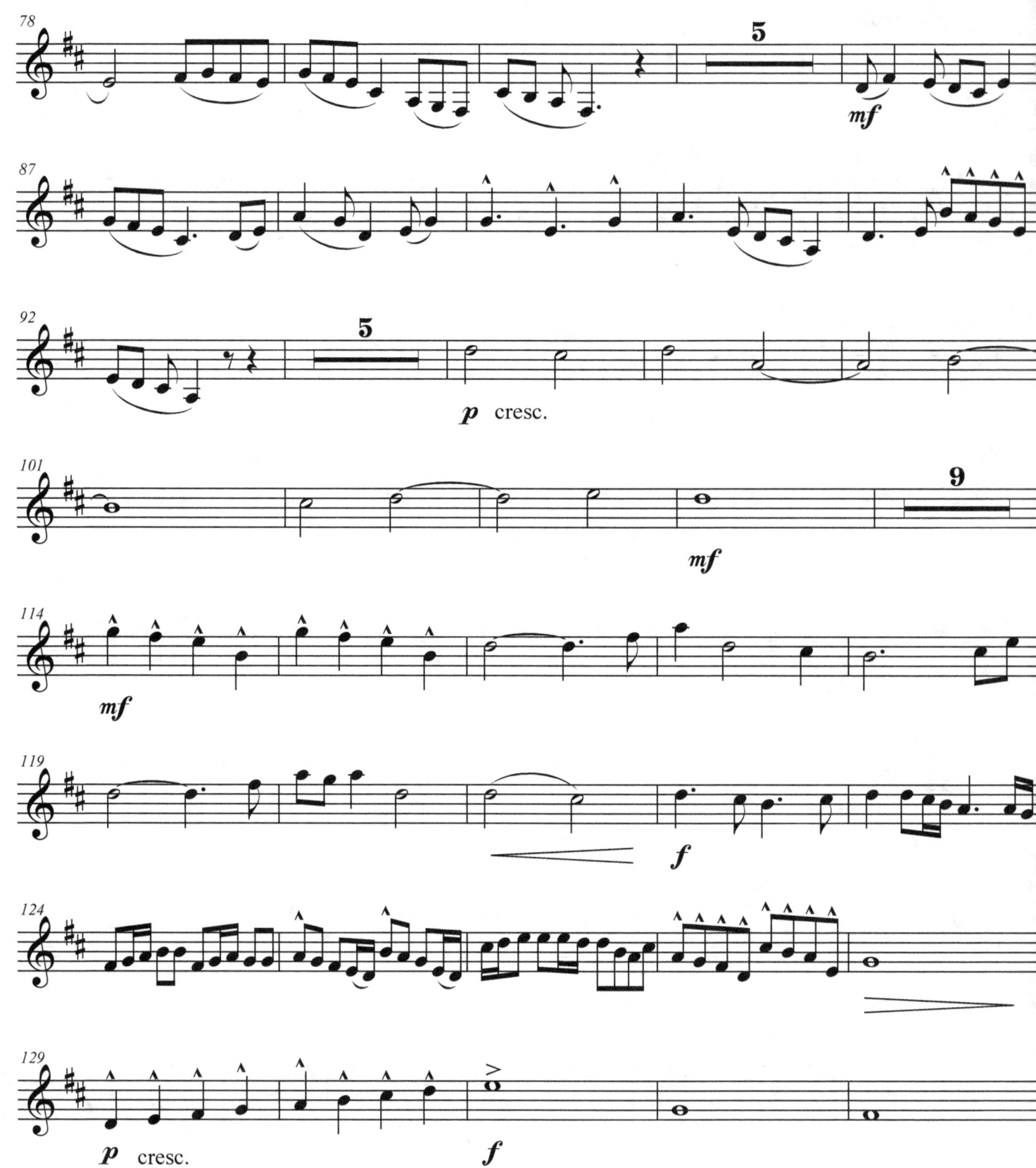

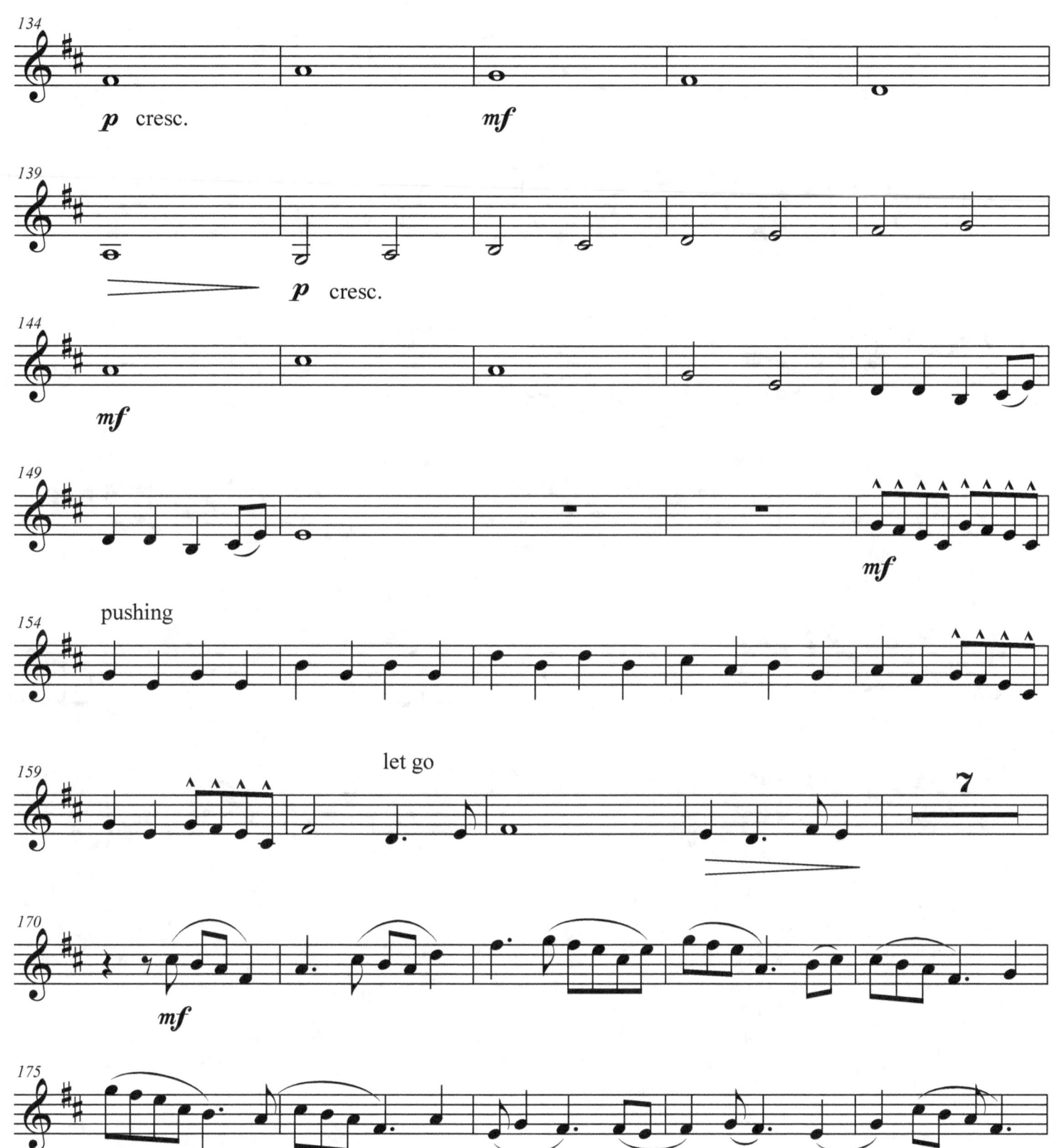

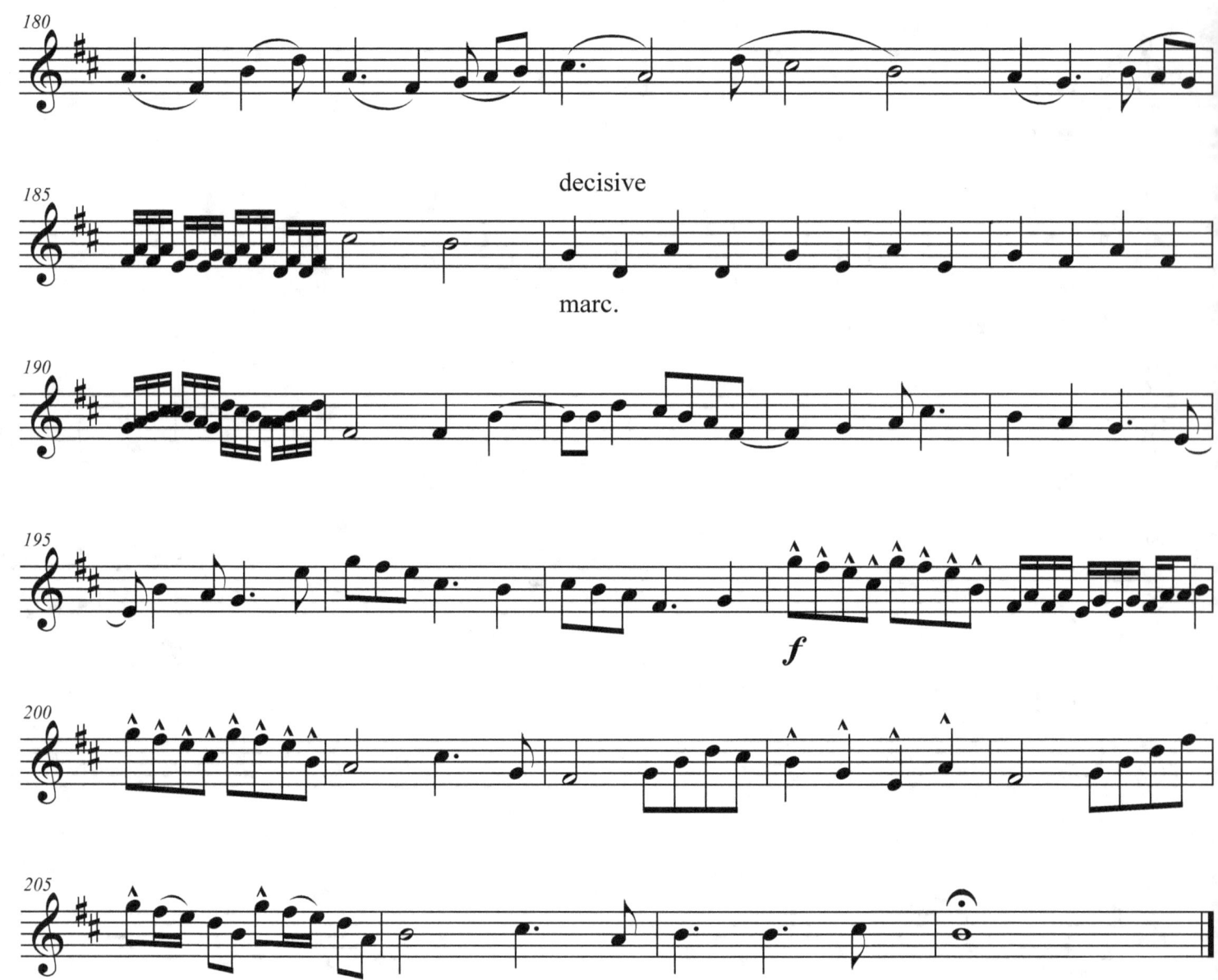

S sym 1

C Bass Tuba

Joost de Groot

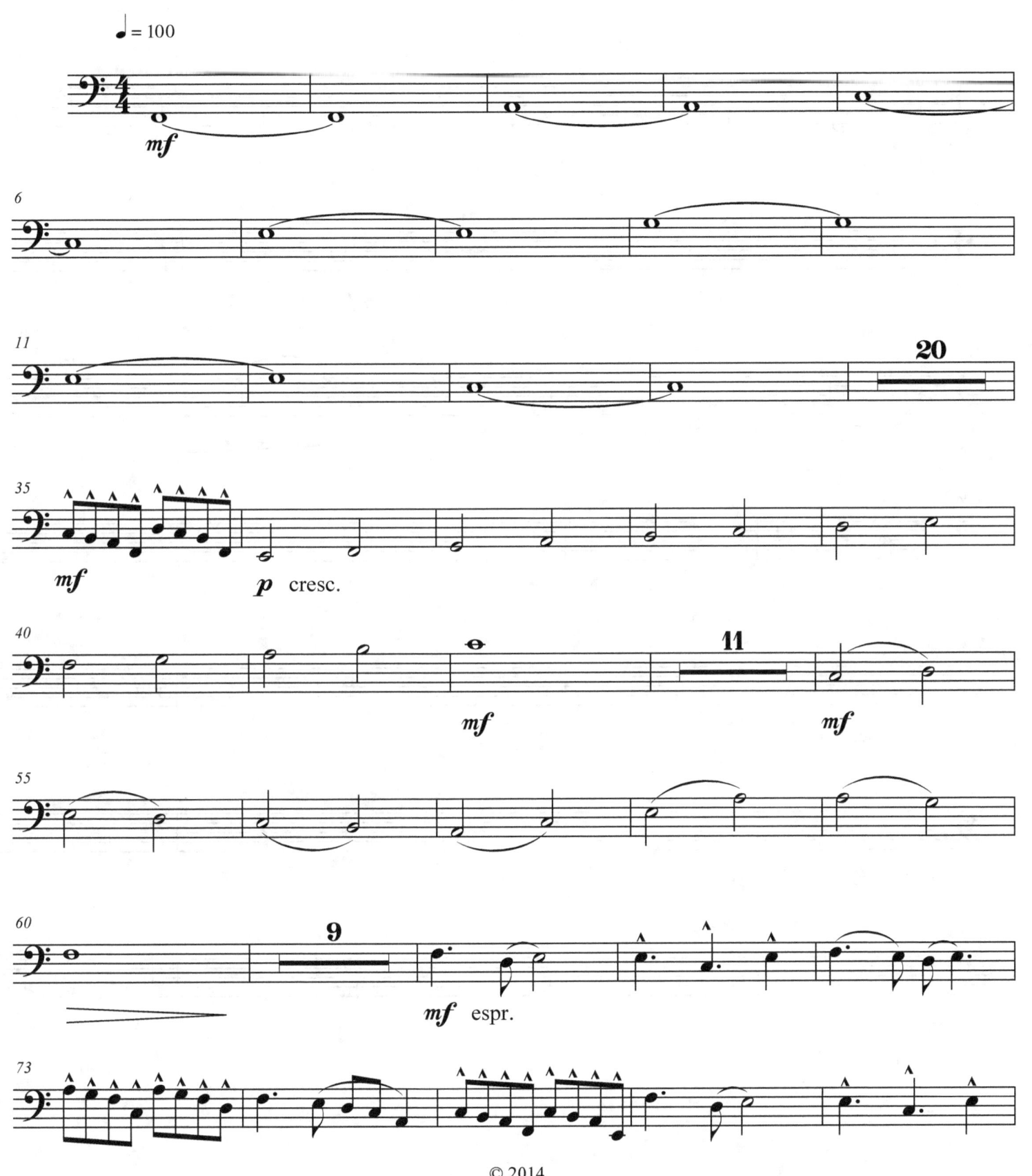

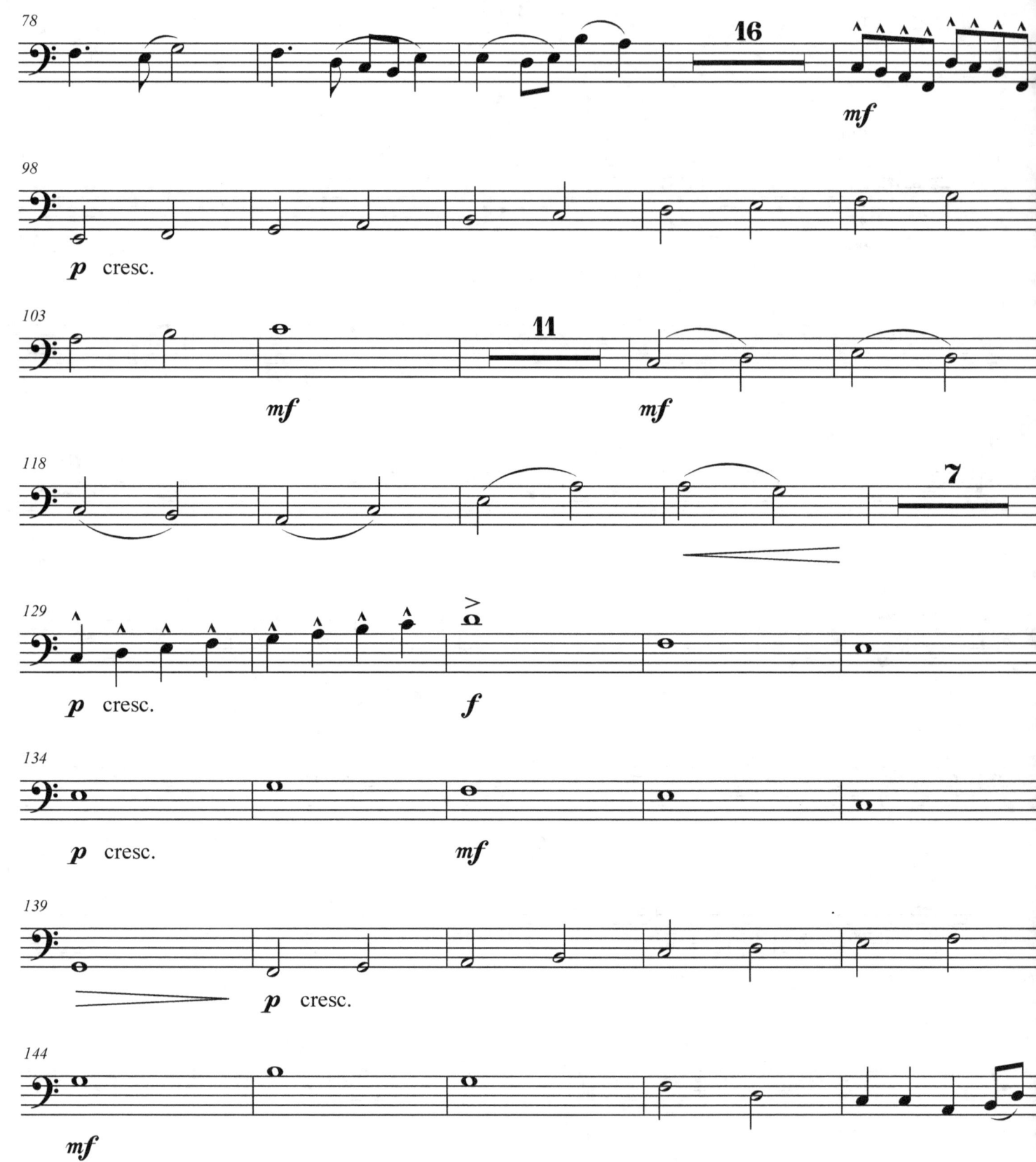

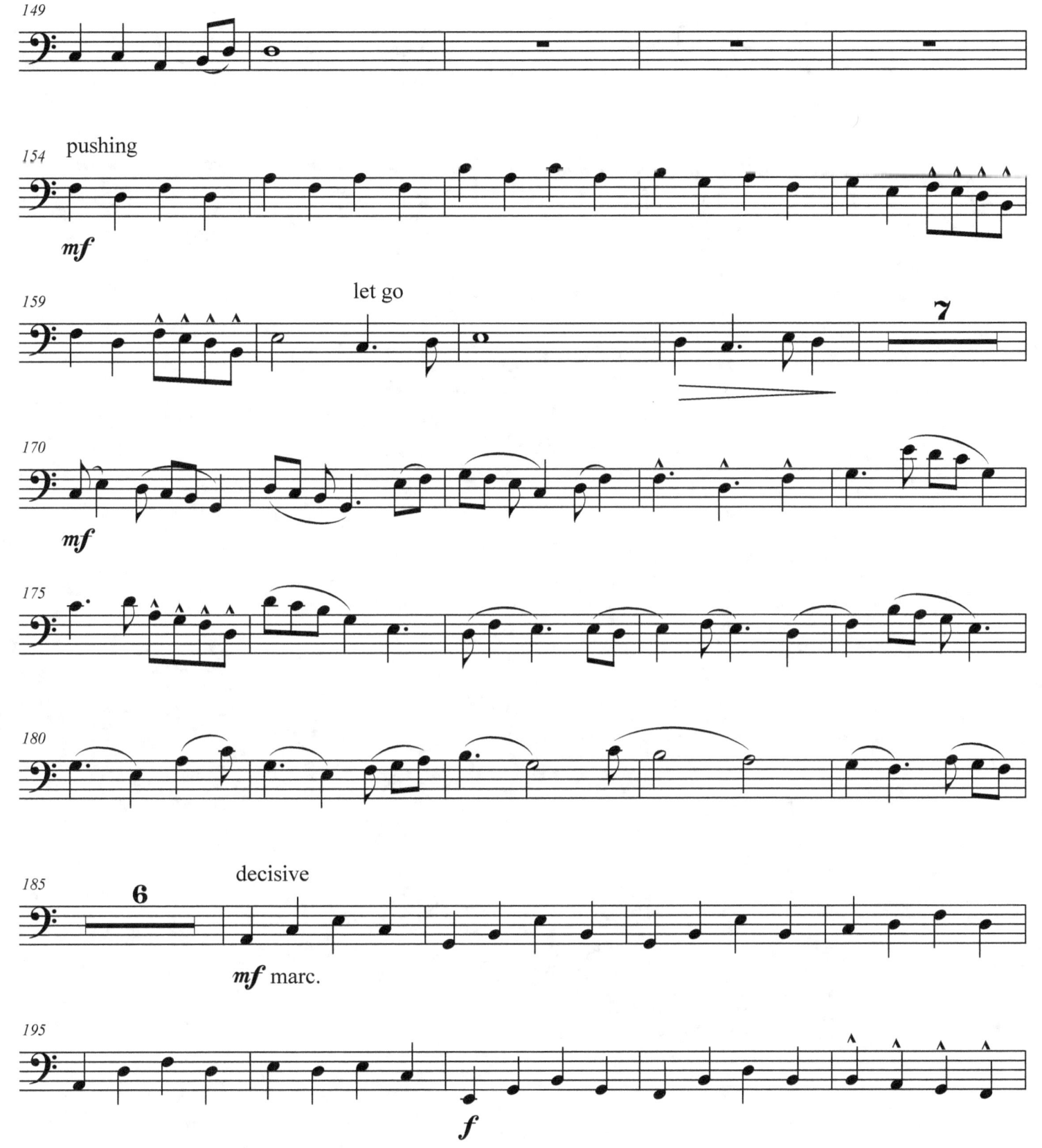

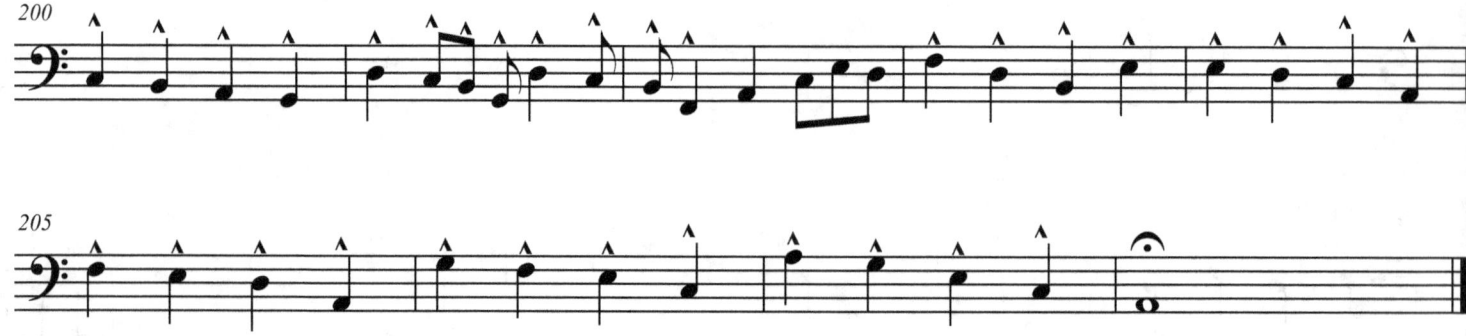

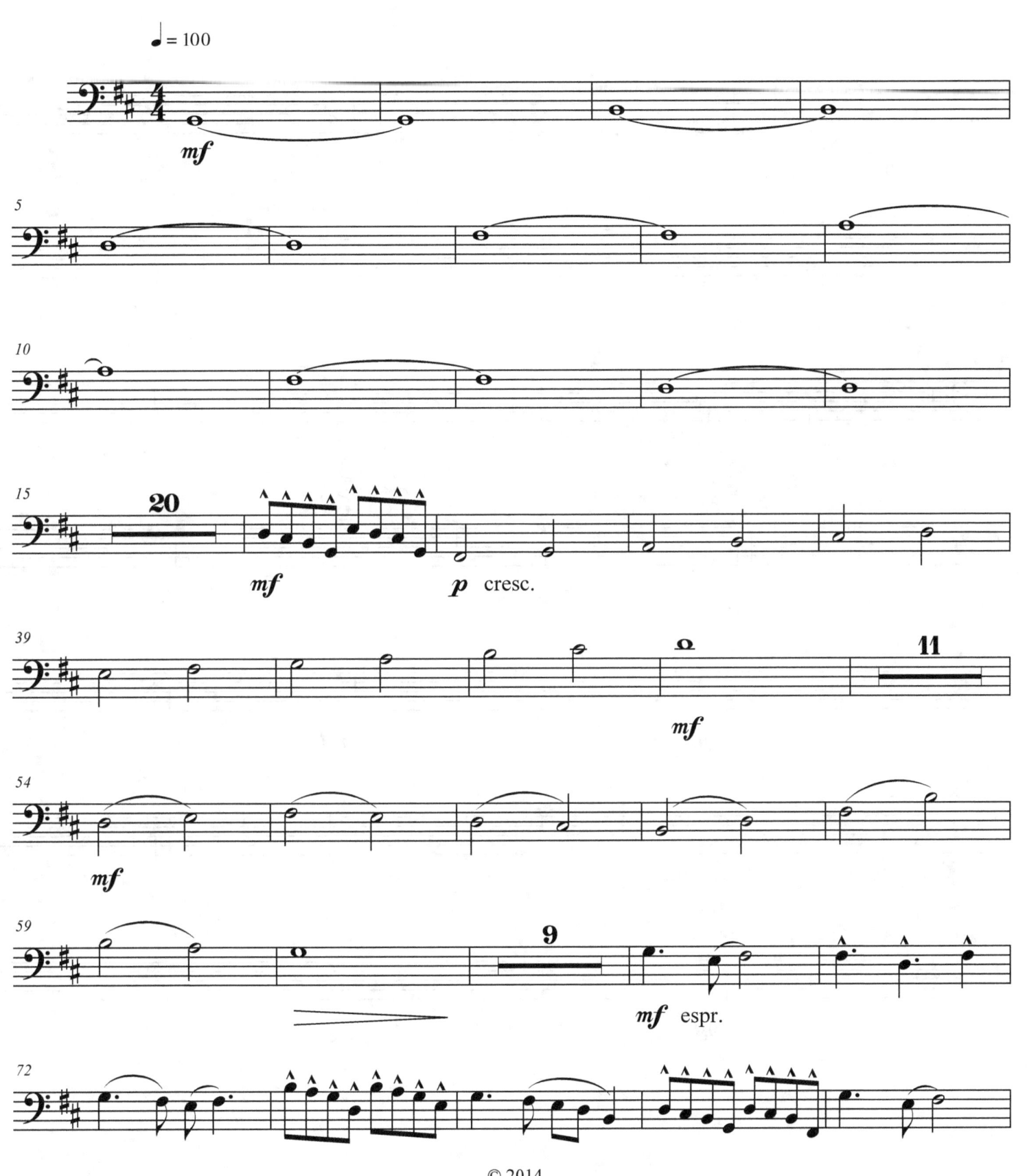

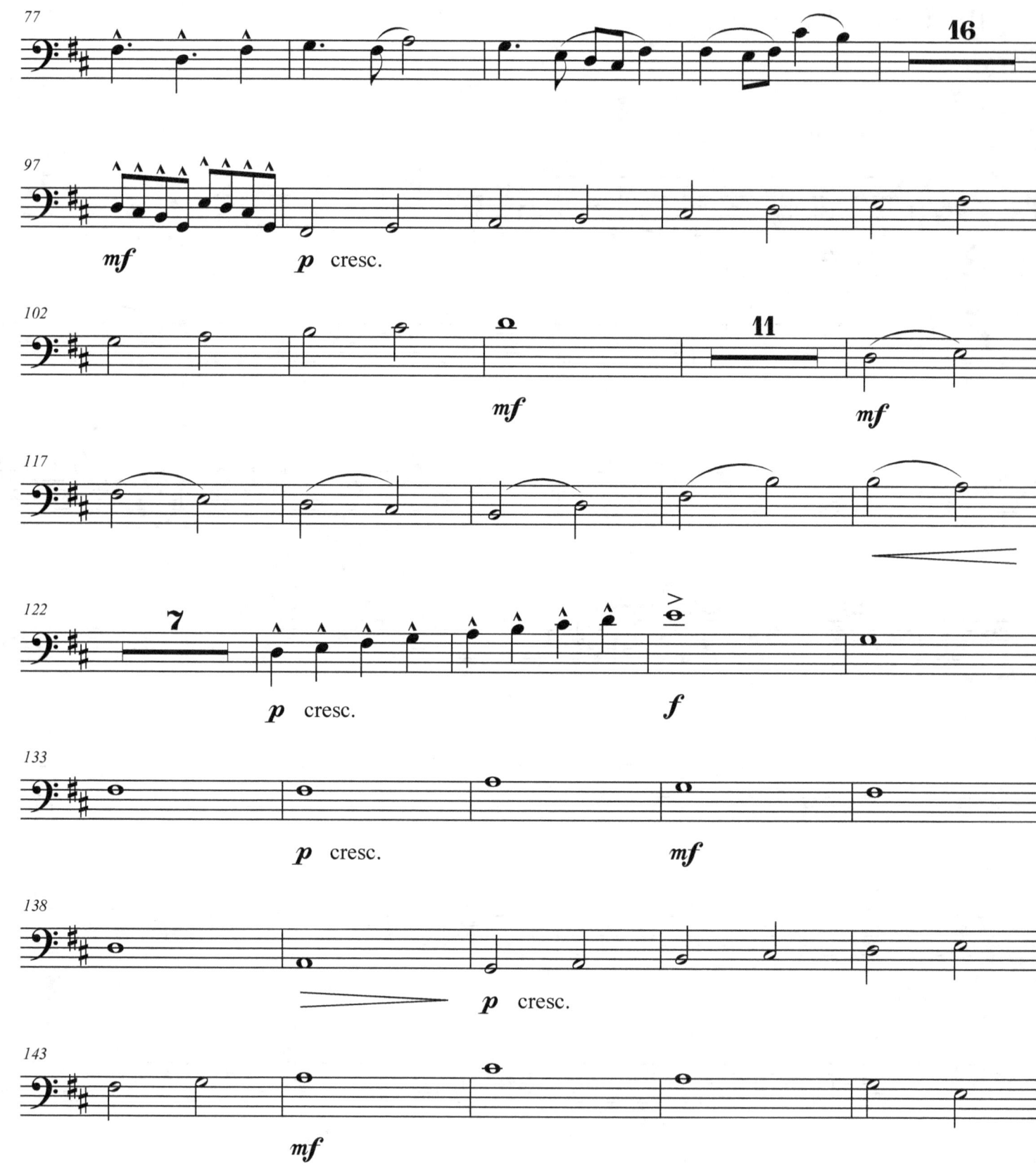

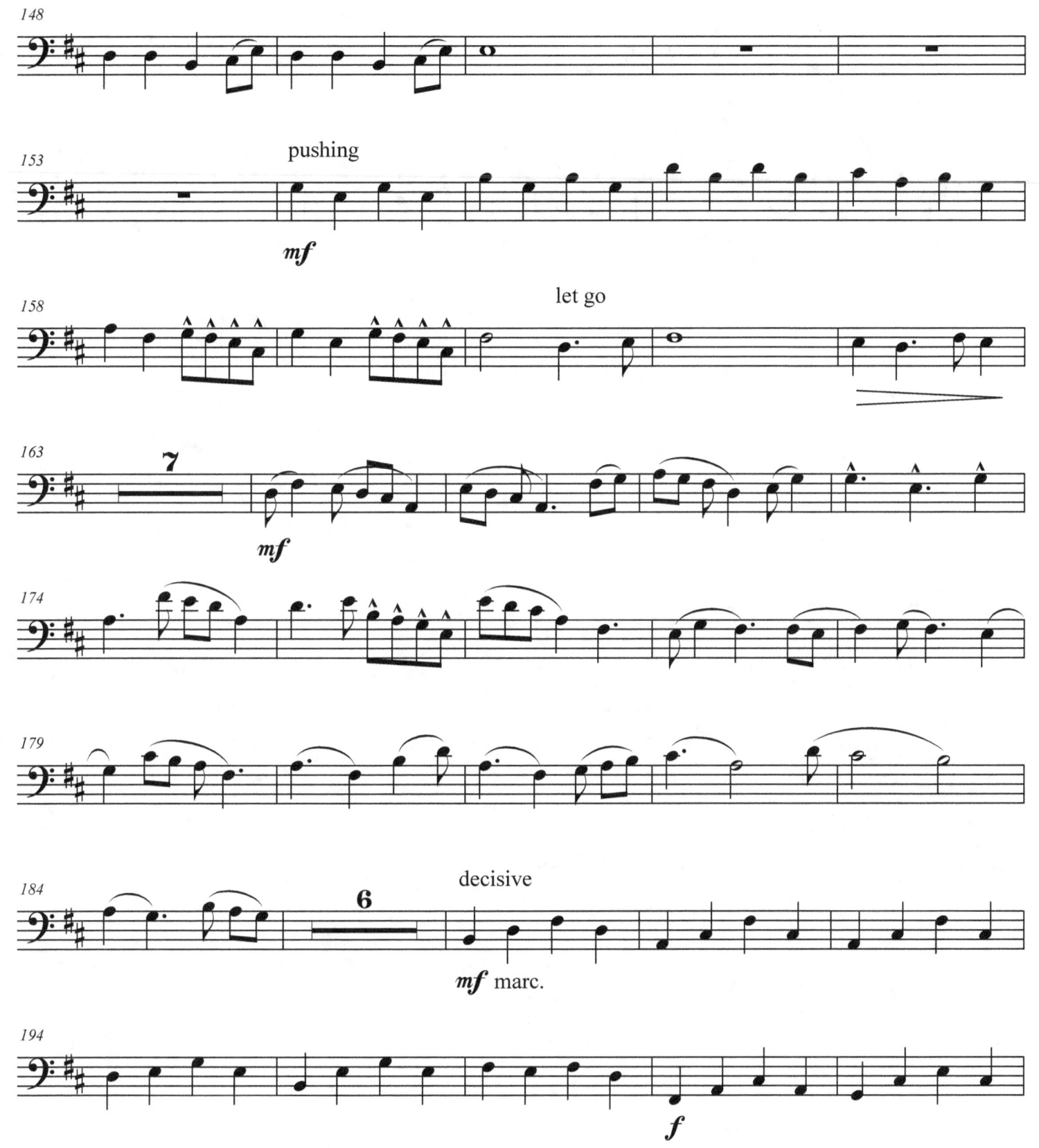

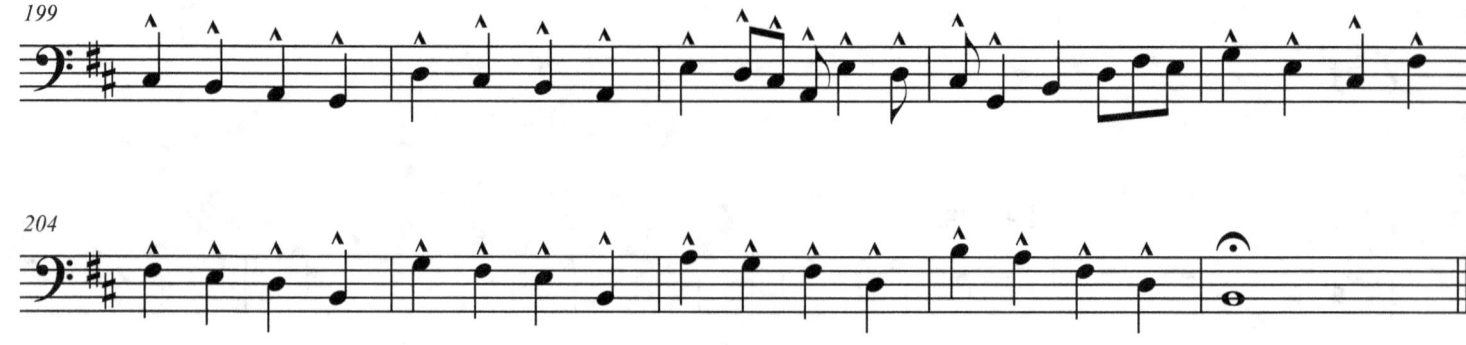

S sym 1

Es Bass Tuba

Joost de Groot

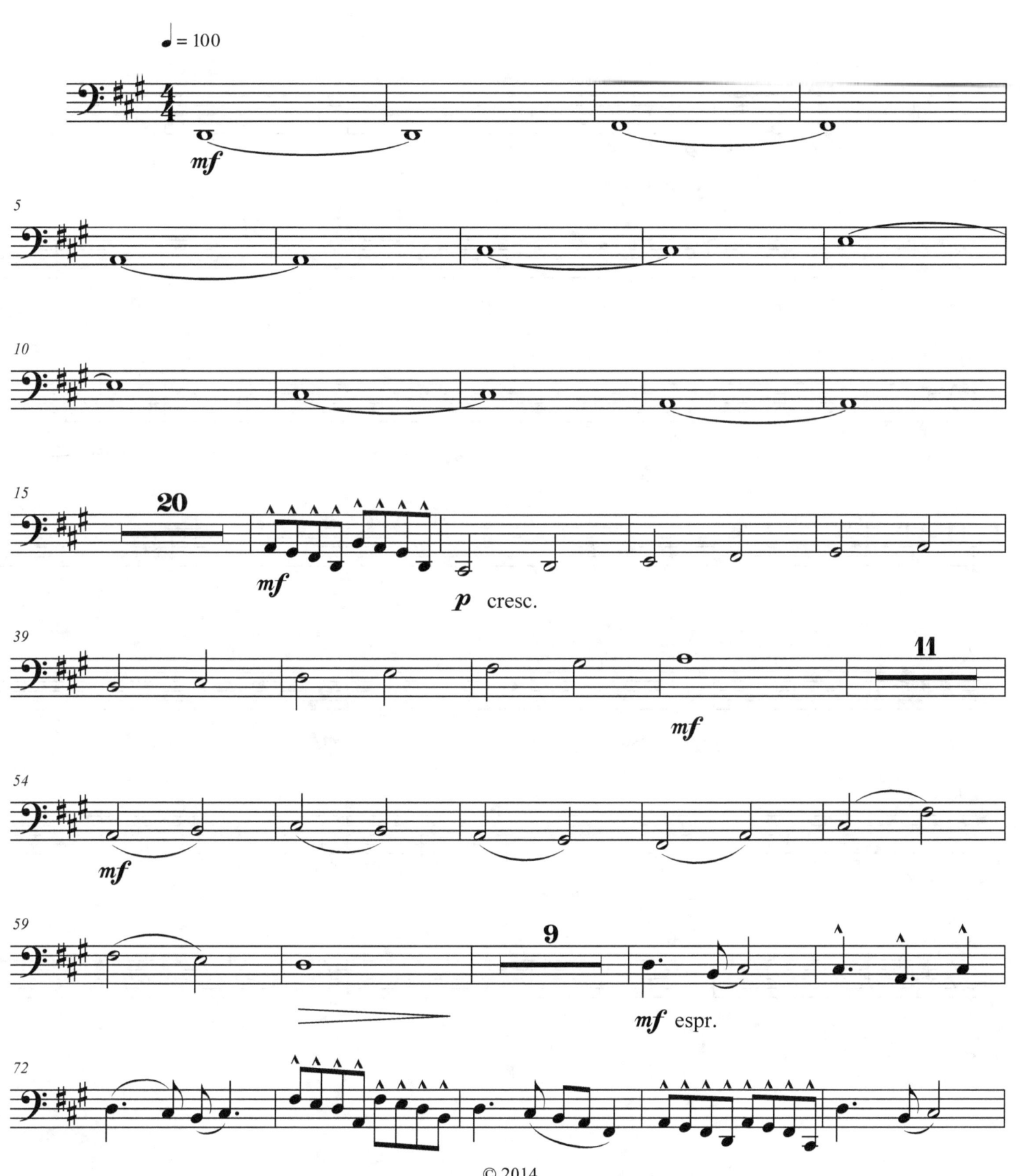

© 2014

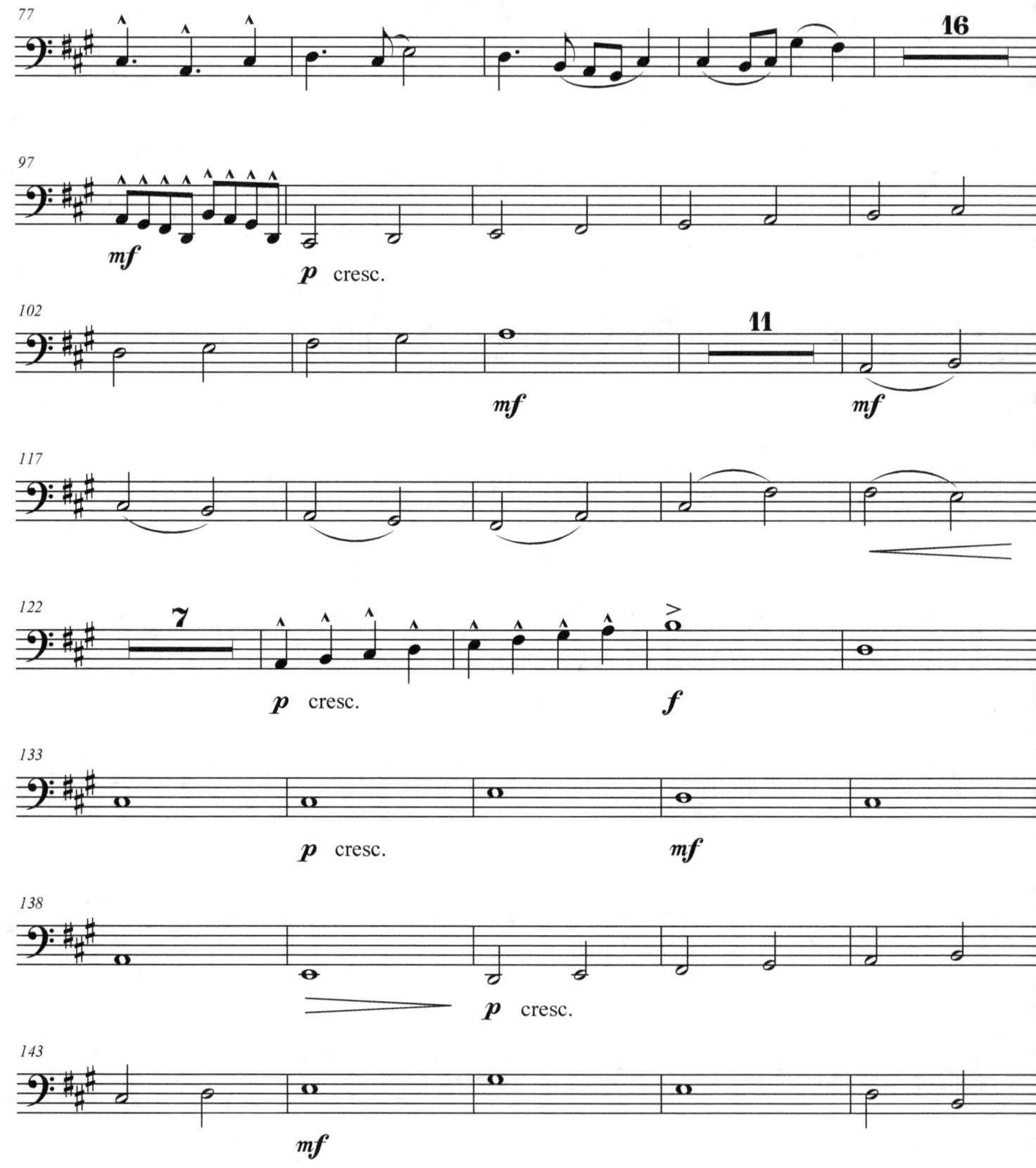

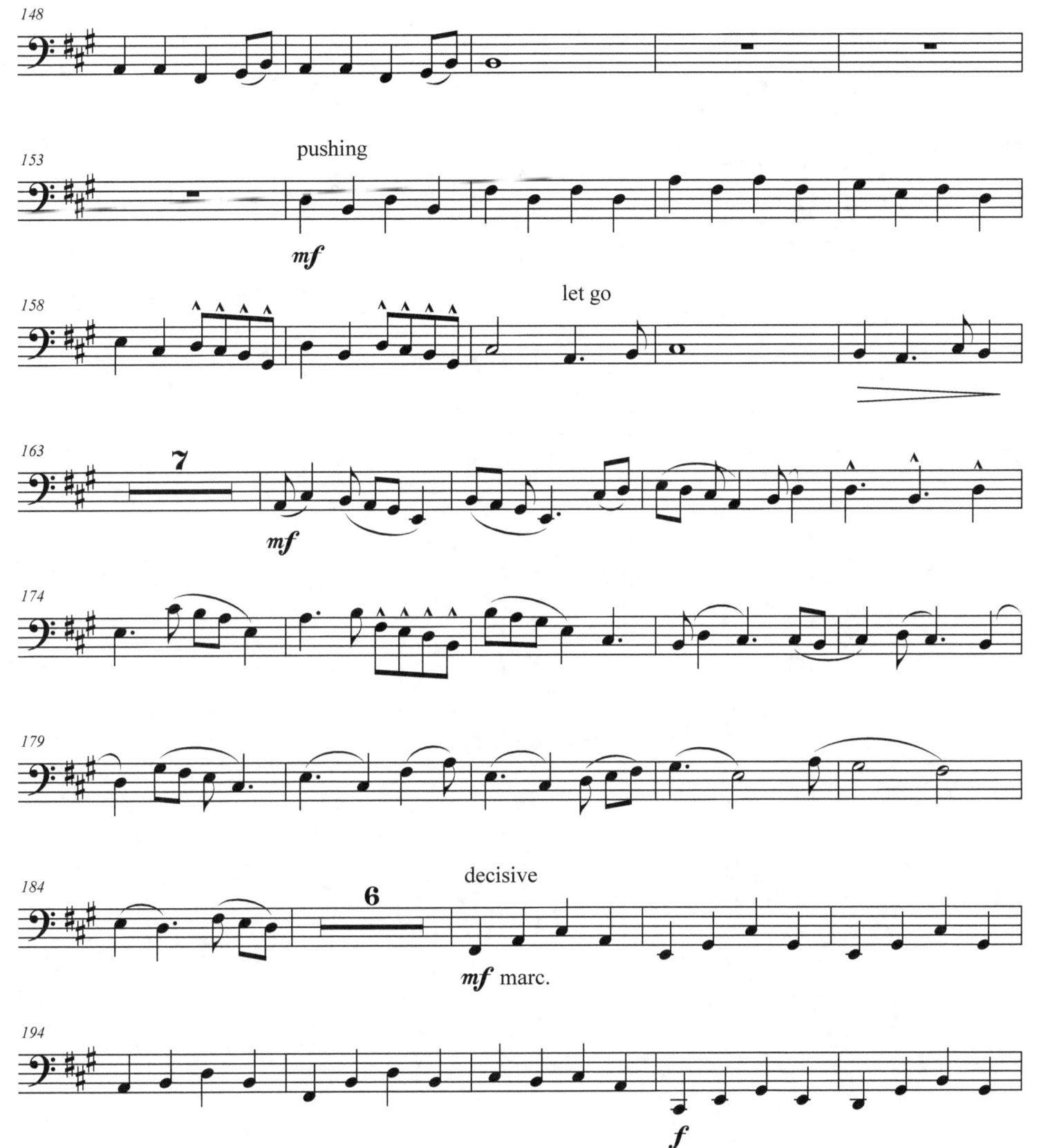

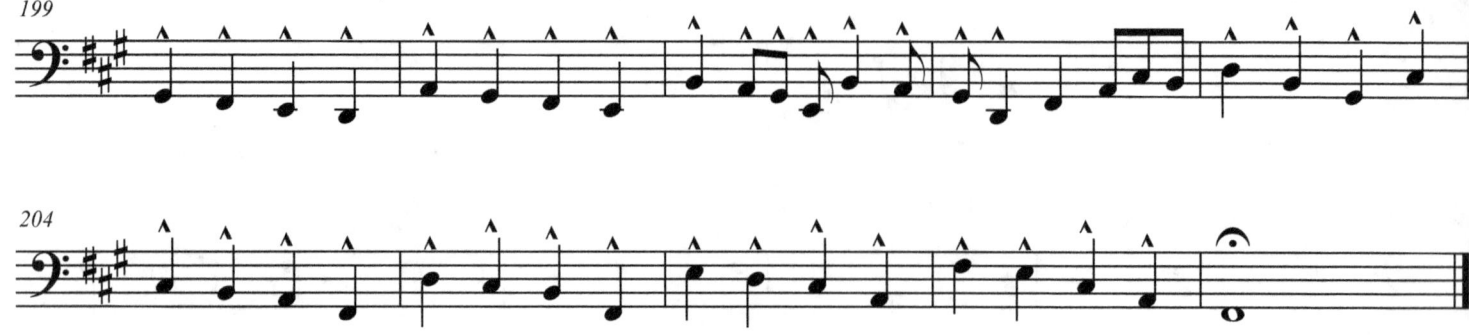

S sym 1

Percussion

Joost de Groot

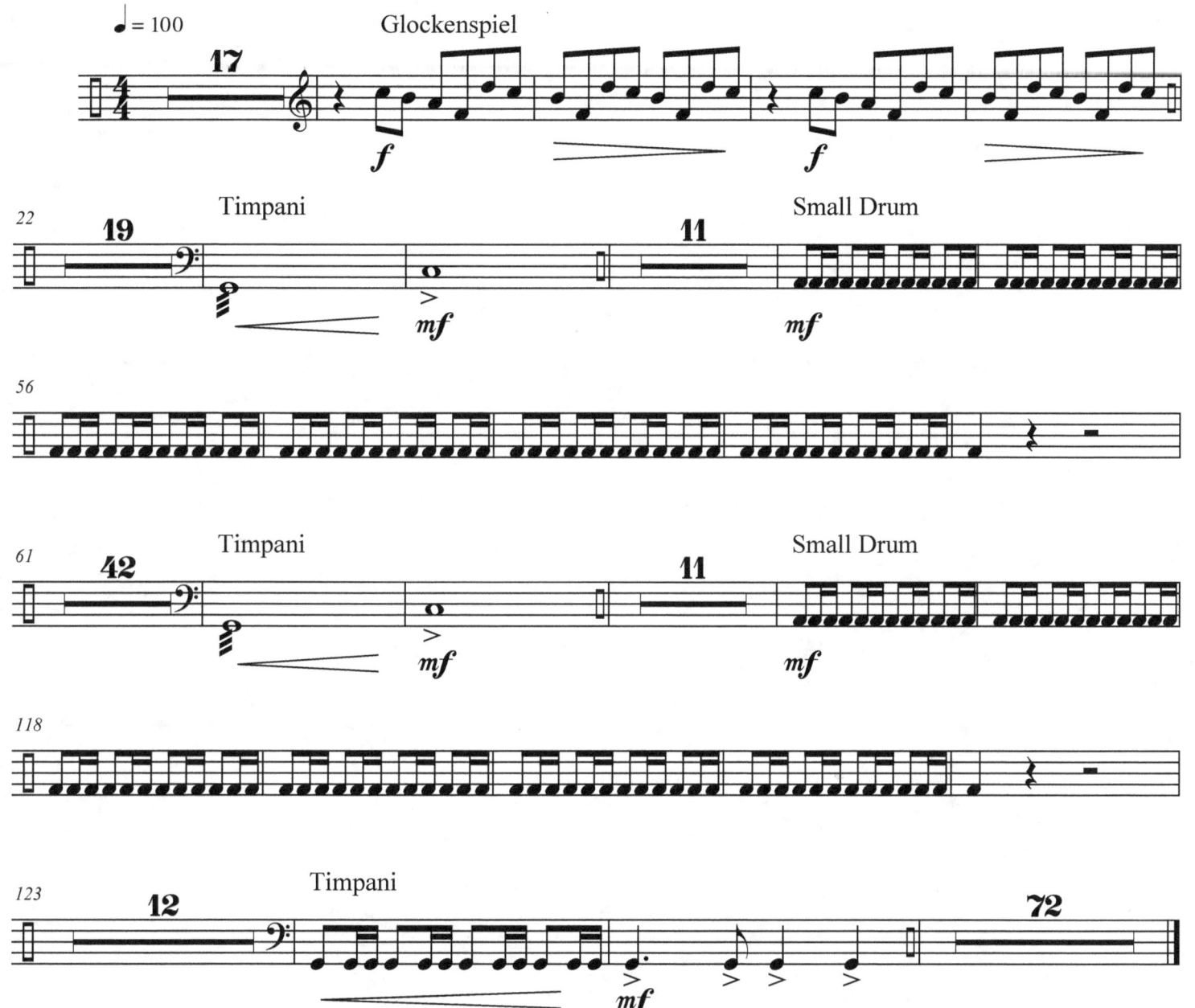

www.ingramcontent.com/pod-product-compliance
Lightning Source LLC
Chambersburg PA
CBHW081814220526
45470CB00006B/2308